U0622914

延迟满足
唤醒孩子的
自律力

李莎汀◎著

北方联合出版传媒(集团)股份有限公司
万卷出版有限责任公司

© 李莎汀　2022

图书在版编目（CIP）数据

延迟满足唤醒孩子的自律力 / 李莎汀著. -- 沈阳：
万卷出版有限责任公司，2023.1
ISBN 978-7-5470-6098-8

Ⅰ.①延… Ⅱ.①李 Ⅲ.①自律－儿童教育－家庭
教育 Ⅳ.①G782

中国版本图书馆CIP数据核字（2022）第179178号

出版发行：北方联合出版传媒（集团）股份有限公司
　　　　　万卷出版有限责任公司
　　　　　（地址：沈阳市和平区十一纬路29号　邮编：110003）
印 刷 者：唐山市铭诚印刷有限公司
经 销 者：全国新华书店
幅面尺寸：145mm×210mm
字　　数：85千字
印　　张：5
出版时间：2023年1月第1版
印刷时间：2023年1月第1次印刷
责任编辑：齐丽丽
责任校对：刘　洋
策划编辑：马剑涛　徐红有
特约编辑：吴海燕
封面设计：MM末末美书
ISBN 978-7-5470-6098-8
定　　价：36.00元
联系电话：024-23284090
传　　真：024-23284448

常年法律顾问：王　伟　版权所有　侵权必究　举报电话：024-23284090
如有印装质量问题，请与印刷厂联系。联系电话：022-69236860

20 世纪 60 年代，美国斯坦福大学的心理学教授沃特尔·米歇尔设计了一个著名的关于"棉花糖"的实验。他让若干个 3~6 岁的孩子分别单独待在一个房间里，并在房间的桌子上放了一颗糖果，然后告诉他们，可以立刻吃掉糖果，也可以等工作人员回来后再吃，那样就能多得到一颗糖果。

结果大部分孩子无法坚持到最后，只有少部分孩子能获得额外的那颗糖果。后来的跟踪调查结果显示，那些能够抵制糖果诱惑、得到奖励的孩子，在成年后考试成绩更好，社会适应力也更强。由此便衍生了"延迟满足"教育法。

延迟满足是一种甘愿为更有价值的长远结果而放弃即时满足，以及在等待中表现出的自我控制能力。在对孩子的教育中，延迟满足有着非常重要的意义，它不仅是孩子自我控制的核心和重要技能，也是孩子社会化和情绪调节的重要部分，有助于孩子从幼稚走向成熟、从依赖走向独立。

然而，当下的很多父母无时无刻不在及时满足孩子的各种需求，生怕晚一点儿就会让孩子受委屈。其实，在生活中，很多时候我们需要让孩子等一等，因为并不是孩子的所有需求都要立即满足，适当延迟满足孩子的某些需求，反而有利于孩子自控能力的形成。

如何培养孩子的延迟满足能力呢？本书从激发内驱力，培养自控力、意志力以及消除焦虑四个方面进行了详细的阐述。

一是激发内驱力。当孩子有了某个需求时，其内心就会产生一种驱动的力量去达成目的。延迟满足能力需要这样的内驱力。

二是培养自控力。自控力是对外界诱惑以及自身行为习惯的一种自我控制能力。当孩子有了自控力，就能在合适的时间和地点做应该做的事。只有自控力强的孩子，才能在等待中收获更多、更好的结果。

三是培养意志力。对于孩子来说，他们面对的诱惑实在是太多了，要想让孩子在巨大的诱惑面前做到延迟满足，控制自己的行为，就需要孩子具备一定的意志力。

四是消除焦虑。焦虑是孩子的常态，延迟满足会让孩子处在焦虑之中，而有效地克制焦虑才能让孩子找回自我控制感。

以上四个方面都与孩子的延迟满足能力息息相关，提升孩子的延迟满足感，有助于孩子获得良好的自控力、意志力，让孩子从小拥有过硬的素质，未来更好地掌控人生。

另外，需要注意的是，延迟满足训练要遵循科学的原则，要以孩子为主角，父母能做的就是引导，只有在孩子的意愿下进行的训练才是真正的延迟满足训练。当延迟满足训练正确实施时，它才能发挥正向的作用。

目录

第 1 章

每个孩子都需要延迟满足训练

什么是延迟满足 002

延迟满足与即时满足的关系 006

延迟满足对孩子成长的重要意义 010

父母应该掌握的延迟满足培养策略 014

必须纠正的延迟满足训练误区 018

第 2 章

激发内驱力，提升孩子对长远目标的坚持

内驱力到底是什么 024

为什么内驱力可以影响孩子的行为   028

试着唤醒孩子的内驱力   033

孩子内驱力不足的表现及对策   038

真正的自律是自由与约束有度   043

第3章

培养自控力，让孩子在等待中获得满足

自控力差的孩子难以延迟满足   048

1岁之前，请为孩子播下自控力的种子   051

抓住自控力培养的关键期   056

善用快感原则和现实原则   061

3岁后，培养孩子的自我管理能力   065

不过度控制，孩子才能学会自控   070

接受等待的煎熬，方能获得优秀品质   076

有耐心的孩子做事更易成功   082

第 4 章

面对诱惑与挫折，请给孩子坚韧的意志力

心理承受力，是孩子经受风雨的基石　　　　　　090

教孩子勇敢地对诱惑说"不"　　　　　　　　　096

挫折教育让孩子身心更独立　　　　　　　　　　102

挫折启迪逆商，提升孩子延迟满足的能力　　　　107

勇敢面对，挫折能激发孩子的探索欲　　　　　　112

孩子经历的挫折越多，定力越强　　　　　　　　117

挫折帮助孩子戒骄戒躁，变得更加理智　　　　　122

第 5 章

消除焦虑，孩子才能重新找回控制感

为什么孩子容易焦虑　　　　　　　　　　　　　128

父母不焦虑，孩子才能平静下来　　　　　　　　132

正视等待焦虑，并试着接受它　　　　　　　　　137

与自己对话，让孩子不焦虑　　　　　　　　　　142

第1章
每个孩子都需要延迟满足训练

作为父母，我们总是会及时满足孩子的各种需求，生怕晚一点儿就会让孩子受委屈。其实，在生活中，很多时候我们应该让孩子等一等，因为并不是孩子的所有需求都要立即满足，适当延迟满足孩子的某些需求，可以提升孩子的自控力。

什么是延迟满足

　　在养育孩子的过程中，多数父母对孩子的需求都是有求必应。不过，也有少数父母有着截然相反的做法，即时常延迟满足孩子的某个需求，让孩子等一等。比如下面的画面。

画面一

　　餐桌上，一个 4 岁的小男孩正在吃饭，小男孩一会儿说要吃这个，一会儿说要吃那个，一家人围着他团团转，只要小男孩有什么需要，父母就会及时满足他。

画面二

　　另一个餐桌上，一个 3 岁的小女孩说要吃买的棒棒糖，妈妈耐心地说道："宝贝，咱们先吃饭，一会儿妈妈给你吃两个棒棒糖。"小女孩眨了眨眼，拿起勺子吃起饭来。

　　这样的画面，相信父母们见过很多了。那么，哪一种做法更好呢？你又是怎样做的呢？我们不妨先来看一个"棉花糖实验"。

　　20 世纪 60 年代，美国斯坦福大学的心理学教授沃尔特·米歇尔设计了一个棉花糖实验，他召集了若干个 3~6 岁的孩子，让他们各自单独待在一个房间里，桌子上放着孩子们喜欢吃的棉花糖等糖果。他告诉孩子们，可以立即吃掉一颗糖果，但如果等工作人员回来后再吃就可以吃两颗糖果。

　　随后，工作人员便离开房间，这时隐蔽的摄像机记录下了孩子们的行为。有的孩子经不住诱惑，在工作人员离开后就拆开糖果吃了；有的孩子为了抵制诱惑，蒙起了眼睛，甚至唱起了歌。结果大部分孩子都没等到规定的时间就把糖果吃了，只有极少数孩子获得了两颗糖果。

在后来的追踪研究中，工作人员发现，那些获得两颗糖果的孩子比其他孩子更加优秀，也就是说那些能够延迟满足的孩子的自我控制能力更强，他们能够在没有外界监督的情况下适当地控制、调节自己的行为，抑制冲动，抵制诱惑，坚持不懈地保证目标的实现。

现在，我们再回到上面的两个画面：画面一中，孩子要什么父母就给什么，这就是即时满足；画面二中，妈妈劝说孩子吃完饭再吃糖果，就是延迟满足。

即时满足和延迟满足在家庭教育中都有所体现，合理的延迟满足是能够起到积极作用的。只是对延迟满足的理解，我们不能只看字面意思，这也是很多父母容易忽视的。

延迟满足，实际上指的是一种甘愿为更有价值的长远结果而放弃即时满足的抉择取向，在等待的过程中展示的自我控制能力。延迟满足在发展心理学中，指的是人的一种能力。具备这种能力的人，可以等待合适的地点、合适的时间再做想做的事。也就是说，延迟满足反映了一个人自我控制或克制欲望的能力。

作为父母，在养育孩子的过程中，合理运用延迟满足，就是为了让孩子获得一种可以自控的能力，这对于孩子未来养成良好的学习习惯以及促进自身的全面发展有着重要作用。不过，我们需要理解延迟满足的真正含义，这一点非常重要。

延迟满足与即时满足的关系

就像任何事情都有两面性一样，在养育孩子的过程中，有的人认为应该即时满足孩子的需求，有的人认为应该延迟满足孩子的需求。其实，任何偏激的做法都是错误的。延迟满足和即时满足不应该是对立的关系，它们是可以共存的。

有这样一个案例：

在一个班级中，老师把学生分成了两组，每组的综合成绩都差不多。为了提升孩子的学习成绩，老师对第一组学生承诺每次单元考试只要平均分达到 90 分，就能获得彩笔、精美的本子等小礼物；对第二组学生则承诺只要在期末考试中平均分达到 90 分，就带他们去夏令营。第二组学生听到消息后简直不敢相信，握着拳头在心里默默念道："一定要实现这个愿望。"

最后的结果是，被奖励彩笔、精美本子的一组学生一开始学习确实有进步，但慢慢地就习以为常了，最后在期末考试时成绩没有明显的改变。相反，被奖励去夏令营的一组学生的成绩要好得多，因为夏令营活动对他们来说太有诱惑力了。

从这个案例中，我们可以知道，频繁的即时满足，有时候效果并不好，因为每次实现目标后，奖励都是一样的，孩子就会逐渐失去兴趣，但可以肯定的是，即时满足也可以起到短暂的激励作用；而延迟满足给予的奖励则更加让孩子心动，即便时间上长一些，但是孩子依旧能够坚持，从而最终获得好的成绩。

那是不是意味着延迟满足要比即时满足更值得我们借鉴呢？

其实，这也要看具体情况。第二组学生能够为了夏令营活动而长期保持学习的热情，这也是有前提的。

第一，达到90分的平均分这个目标不是高不可攀，即只要努力一点儿就能实现。有了这个前提，学生们在每次单元考试时就会关注整个组的成绩，如果每次都超过或者离目标很近的话，自然就会更加努力学习；反之，如果每次都与目标相差过大，那也就会像第一组学生一样放弃了。

第二，给予的奖励必须具备足够的诱惑力。延迟满足的收获通常要比即时满足的收获大，否则谁也不愿意等待。第二组学生为了实现夏令营这个目标而对学习充满热情，是因为奖励太有吸引力了，如果是彩笔、本子等，那他们可能就坚持不了这么长时间了。

所以说，延迟满足也不是完美无缺的，给予孩子的奖励要合理，他们才会为了目标而学会等待；即时满足也不是一无是处，比如短期内给予小奖励，一样能够激发孩子的热情，只是需要注意度。这就告诉我们，在养育孩子的过程中，即时满足和延迟满足同样都是需要的，偏废任何一方的做法都是不合理的。

延迟满足对孩子成长的重要意义

延迟满足在一定程度上体现了孩子的情商高低，它考验着孩子在面对诱惑时的忍耐力。一般具备延迟满足能力的孩子，被认为在未来拥有更好的竞争力、较高的效率，以及更优秀的品行与行为。具体来说，延迟满足可以很好地培养孩子以下几个方面的品质。

忍耐力

不少孩子的性格比较急躁，缺乏耐心，比如在商店里看见喜欢的东西，就哭着喊着要买，一刻也等不了。面对这样的情况，想必每位父母都是无奈的。如果你的孩子也是这样，那么进行延迟满足训练就很有必要了，这能让孩子的忍耐力一点点增强。

所以，在生活中不能事事迁就孩子：当孩子吃完一颗糖后，想要第二颗时，父母可以明确告诉孩子再等一两个小时；当孩子天天闹着去游乐场玩时，可以明确规定只有周末才可以去。这样，孩子就会逐渐明白：不是想要任何东西就能立刻得到，而是需要等待。

你的孩子是一边吃饭一边看电视，还是一边写作业一边玩？其实，自律性差几乎是每一个孩子的通病。孩子天生爱玩，任何事情一旦与玩发生冲突，孩子必然无法自控。

其实，在培养孩子的自控力上，让孩子自己做出选择，要比强制性的命令好得多。比如，可以为孩子列出一个具体的时间表，让孩子先做重要的事，然后再玩。这样的延迟满足训练，会让孩子感受到先苦后甜的滋味，从而使其自控力逐渐得到强化。

意志力

意志力强的孩子，在困难面前会更加自信、有耐心，坚持不懈地去完成目标。当然，意志力不是与生俱来的，它是在后天逐渐磨炼出来的。孩子的意志力是比较薄弱的，在日常的养育中，父母应当有针对性地进行一些训练。

延迟满足训练能让孩子克服当前困难而力求获得长远目标，对磨炼孩子的意志力是很有帮助的。不过，在培养这种能力的时候，给孩子定的目标要让孩子够得着，并且要多鼓励孩子，在孩子取得进步的时候，也要及时给予精神或物质上的奖励。

虽然孩子在父母的呵护下成长，但依旧需要面对各种挫折。比如没有取得好成绩，被同伴误解，父母的不理解，等等。面对这些挫折时，要想让孩子勇敢地走出来，他就需要具备一定的抗挫力。

延迟满足训练是让孩子的需求等一等，在一定程度上也是一种挫折教育。所以，能够延迟满足的孩子，在遇到挫折时往往能表现出更好的忍耐力和抗挫力。

总之，合理的延迟满足训练对孩子的成长能起到积极的作用。父母在培养孩子延迟满足能力的时候，一定要考虑到孩子的接受能力、理解能力与承受能力，逐渐增大培养力度。延迟满足感的获得需要一个过程，操之过急只会适得其反。

父母应该掌握的延迟满足培养策略

延迟满足对孩子未来的身心发展有着积极的作用，作为父母，不仅要对延迟满足有正确的认知，更要掌握培养孩子延迟满足能力的策略。因为只有正确的延迟满足培养策略，才能真正对孩子产生正面的影响。通常来说，以下几个方面值得父母借鉴。

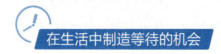

在生活中制造等待的机会

孩子的延迟满足能力不是短时间内就能练成的，我们需要在日常生活中利用甚至制造一些让孩子学会等待的机会。比如：等公交车时，让孩子遵守秩序；排队购物时，让孩子耐心等待；等等。这些平时的耐心训练，都有助于提升孩子的自控力。

转移孩子的注意力

等待是孩子必须学会的一项技能。父母可以从最短的时间开始，慢慢锻炼孩子的耐心，比如 30 秒，1 分钟，3 分钟……

另外，心理学研究表明，延迟满足孩子对某个事物的欲望，很有效的一个方法就是转移孩子的注意力。比如，孩子很想吃雪糕的时候，可以给他讲故事等。

对孩子的表现及时赞赏

当孩子能够耐心等待时，父母要及时赞赏，必要时也可以给予一定的物质奖励（比如给孩子买图画书、玩具等），目的是让孩子将等待当成一种习惯、一种责任，而不是为了获得表扬或奖励，从而培养孩子良好的自我控制能力。

给予温暖和鼓励，建立良好的亲子关系

虽然延迟满足在一定程度上看起来很冷酷，但这并不妨碍父母对孩子的关爱。比如，父母平时可以尽量满足孩子的情感需求，多抱抱、多关心孩子。尤其是在孩子遇到延迟满足的挫折时，父母若能够给予温暖和鼓励，孩子就会更加有安全感，精神上也会获得战胜延迟满足挫折的意志和信心。

以身作则，影响孩子的行为

父母的一言一行会对孩子的学习与发展产生直接或

间接的影响，在延迟满足能力培养方面同样如此。父母可以针对孩子及自己的行为做出明确的规则，然后和孩子互相监督，严于律己的父母在要求孩子延迟满足时也更具有权威性和说服力。

另外，父母还可以和孩子一起进行一些延迟满足训练。比如，一起耐心等待烹饪的美味食物，做完工作或作业后再一起出去看电影，等等。让孩子知道即便是大人，也需要等待。

除了以上这些方面，在日常生活中，要想让孩子获得更好的自控能力，我们还应该尽可能多地给孩子主动选择、自主解决问题的机会。比如，放弃孩子还小、凡事包办的观念，放手让孩子在生活中发现问题、解决问题，以此锻炼孩子的自主性，提升延迟满足时的自我控制能力。

必须纠正的延迟满足训练误区

延迟满足训练对孩子确实有很大的帮助，也受到很多父母的推崇。但是要想真正用好延迟满足并不简单，尤其是新手父母在延迟满足训练方面存在一些误区，如果不及时改正，不仅起不到积极的作用，还会产生负面影响。

以下误区需要父母注意。

 误认为低龄宝宝也可以延迟满足

不同年龄的孩子，对等待时间的接受度不同。比如低龄的宝宝，他们没有稳定的时空概念，哭泣的时候若得不到及时的安慰，就等于永远得不到满足。在棉花糖实验中，大多数不满 4 岁的孩子都不能延迟满足自己的需求，他们会一点点地吃掉糖果。

由此可见，在孩子 3 岁之前，要尽可能不设条件地满足孩子的身心需求，饿了就喂，哭了要哄，由此建立起亲子间早期的安全依恋关系，之后孩子才能建立起对外部的信任感和安全感。否则，一个从未被满足过的孩子，很难有能力去自控和延迟满足。

只会延迟，忽略满足

在延迟满足的过程中，有时候我们会通过转移注意

力的方法来延迟满足孩子的需求，在这个过程中，孩子就有可能会忘记自己的需求。然而，我们不能因为孩子的注意力转移了，或是忘记自己的需求了，就不满足孩子了。因为这样的次数多了，时间一长，孩子就会对父母失去信任，以后再进行延迟满足训练就会变得困难重重。

毫无理由，粗暴地锻炼孩子的耐心

在进行延迟满足训练的时候，父母一定要告诉孩子延迟满足的原因，否则孩子会认为父母以大欺小。比如，父母说"再等半个小时就出去玩"，那么一定要告诉孩子原因，可以说："妈妈现在有一件非常重要的工作需要处理，半个小时后再出去玩，你等一等妈妈。"这样孩子知道妈妈有事没处理完，等待时就会更加有耐心。

延迟满足的奖励任由孩子定

延迟满足，不是说让孩子等一等，他就可以无理由获得他想要的东西，这样会让孩子觉得他有讨价还价的权利。比如，在棉花糖实验中，等一等可以获得两颗糖，要让孩子明白第二块糖是额外给的，额外的奖励是有限的。不能为了延迟满足孩子的需求，就可以任由孩子索要奖励。

给予丰厚的物质奖励

为了达到让孩子等待的目的，有些父母会给予丰厚的物质奖励。其实，这样是不对的。在对孩子进行延迟满足训练时，不要随意给孩子打包票，而且应该把物质奖励换成精神奖励。比如，当孩子在等了你半小时后，你完全不必说"一会儿我们多玩些时间""一会儿给你买好吃的",你可以这样说:"妈妈非常感谢你等了我半小时,现在我们一起出去玩吧。"有时候精神奖励一样可以获得物质奖励的效果。

延迟满足训练只有正确实施,才能发挥正向的作用。父母在对孩子进行延迟满足训练时,一定要避免以上误区,进行正确引导,这样才能达到想要的效果。

第 *2* 章
激发内驱力，提升孩子对长远目标的坚持

内驱力是一个人在需要的基础上产生的内部唤醒状态。当孩子有某个需求时，其内心就会产生一种驱动的力量去达成目的。延迟满足能力同样需要孩子拥有这样的内驱力，即为了达成某个长远目标而积极行动。

内驱力到底是什么

你是不是有过这样的经历：当自己特别喜欢某个东西或喜欢做某件事情时，你会变得非常有耐心，可以长时间对它保持热情，并为此付出一系列的行动。比如，喜欢宠物，便能乐此不疲地照顾它们而不会觉得烦心；喜欢跑步，无需任何奖励便能天天坚持；等等。

是什么让你如此心甘情愿地去做这些事情呢？

答案是内驱力。它是在需要的基础上产生的一种内部唤醒状态或紧张状态，表现为推动有机体活动以达到满足需要的内部驱动力。有了内驱力，无论有没有外在奖励或诱惑，人们都能保持热情，积极地投入到自己要做的事情中去，且不会轻言放弃，这就是内心的力量。

其实，在孩子身上，他们同样有着不输成人的内驱力。比如：

当孩子学习翻身的时候，他的头使劲地往一侧转去，整个身子也向一侧倾斜，还一边手舞足蹈，试了几次不成功，又往另一侧尝试。就这样左翻翻、右翻翻，最后使出吃奶的力气终于翻了过去，两只小手慢慢地撑起来，头也抬起来，发出了"咯咯"的笑声……

当孩子蹒跚学步的时候，他会试着扶着床头站起来，但是由于身体的不协调，他失败了。即便如此，他还是不屈不挠、精神亢奋地一次次爬起来，一次次跌倒……

这是为什么呢？没有任何人逼迫孩子这么做，但孩子依旧不怕困难地继续坚持，仿佛不达目标就不罢休，这就是孩子身体成长的内驱力的作用。

另外，如果你足够细心，你还会发现更多关于孩子为了达成目标而长时间去做一件事情的例子。

比如，孩子玩积木游戏时，可以不厌其烦地搭了又推倒，倒了又重搭，直到搭出一个满意的作品为止；孩子每天下午都去操场打篮球，原来他坚持打球是想通过运动长个子，他可不想比其他同学矮；孩子每天早上都坚持读英语，因为她想练习自己的口语，这样就可以跟邻居的外国小朋友交流了。

孩子这些自觉的做法就是其内心目标产生的内驱力驱动的。

从孩子的这些表现来看，那些还在强制孩子必须做什么的父母，是不是应该停下来思考：怎样才能激发孩子的内驱力？如果孩子做任何事情都能像以上案例中提到的那样积极主动，养育孩子就会成为一件简单的事。

美国宾夕法尼亚大学心理学教授安琪拉·达克沃斯

曾说："在教养孩子的过程中，若一直依赖于外部评价或物质奖励来使其产生成长动力，其本质和训练马戏团的小猴子并无差异。"可见，没有内驱力的驱动，靠外力是很难长久的，这样的养育也是累心的。

所以，作为父母，我们要善于发现和唤醒孩子的内驱力，引导孩子找到热爱所在，这样他们就会变得充满热情，为了达成目标一往无前，即便是需要长时间的等待，延迟获得满足感，他们依旧能坚持不懈地去完成。

为什么内驱力可以影响孩子的行为

一个拥有内驱力的人，他的行为是积极主动的。尤其是对于孩子来说，拥有内驱力，在学习和生活上起到的作用是非常强大的。比如，那些热爱学习的孩子，不用父母监督也能天天沉浸在学习中；那些喜欢做家务的孩子，不用父母要求便能主动帮忙；等等。

是什么吸引着孩子做出这些行为呢？答案就是内驱力。内驱力能够影响孩子的行为，这又是为什么呢？

内驱力给予孩子正确的心态

我们做任何事情都有一定的动机，并在这个过程中怀着某种心态。美国著名心理学家卡罗尔·德韦克认为，当孩子怀着不同的心态对待事情时，得到的结果就会截然不同。

比如，当孩子有着"固化心态"时，他们会认为自己能力差，所以消极对待一切；相反，当孩子有着"成长心态"时，他们会把注意力集中在自己努力的事情上，去追求更大的目标和成功，这种心态会让孩子相信自己有能力去实现目标。也就是说，内驱力能触发孩子正确的心态，让他们积极行动起来。

另外，为了让孩子保持这样的心态，平时在教育孩子的过程中，我们应该更加注重表扬他们的想法和行动，而不是结果。比如，可以说"你这次为考试做的准备和努力真的很让我敬佩"，而不是说"这次你考得真好"，这样才能让孩子产生自我驱动的正确心态。

内驱力让孩子专注自己的行为

很多时候，孩子做事三心二意，没有目标，都是因为没有内在动机，或者说没有内驱力。相反，有内驱力的孩子在专注于他们热爱的事物时就会不知疲倦；如果这些事物带有一定的挑战性，那么孩子还会更加充满热情，进入一种"心流"状态。

所谓"心流"状态，是指我们在专注进行某个行为时所表现出的心理状态。处于这个状态下，我们的注意力高度集中，思路敏捷，会感觉时间过得很快。如果孩子能够进入"心流"状态，那他们就能又快又好地完成所做的事情。

如何才能让孩子进入"心流"状态呢？很重要的一点是任务或目标要具有挑战性，不能太容易达成，也不能太困难，这样孩子才有足够的内驱力去完成自己的目标。

内驱力让孩子为实现自主需求而积极行动

孩子不是对任何事情都感兴趣，也不是时刻都有需求的。所以，有时候想让孩子变得主动起来是一件很头疼的事。比如，想让孩子画画，可孩子一心想出去玩；到了饭点，孩子不饿不愿吃饭。这时如果采取强制措施，就会引起孩子的叛逆。

那么，是不是就没有办法了呢？当然不是。这就需要父母激发孩子的自主需求。

当孩子有了自主需求后，他做事情就有了主动性，即能够自我驱动去实现自己的需求。比如，孩子想出去玩而不想画画时，那可以试着让孩子带着画板到大自然中去，一边玩一边画，把美丽的风景画在纸上，或许孩子就会意识到画画的乐趣，逐渐喜欢上绘画。一个热爱画画的孩子，他就有了内驱力，是不用父母催促的。

可见，帮助孩子激发他们的自主需求是一件非常值得做的事情。孩子有了自主需求，也就意味着有了内驱力，内驱力就像动力源泉一样驱动孩子的行为。当孩子拥有内驱力的时候，他们能自主树立正确的心态，让自己变得专注起来，不需要任何人的鼓励，积极主动地去实现目标。

试着唤醒孩子的内驱力

　　苏格拉底很小的时候，有一次，他看见父亲正在雕刻一只石狮子，苏格拉底观察了一会儿，便问父亲："怎样才能成为一个杰出的雕塑师？"父亲缓缓地说道："就拿现在雕刻的这只狮子来说，我并不是在雕刻它，而是在唤醒它。"其实，对于孩子的内驱力，我们也应该像苏格拉底的父亲那样，去唤醒它。具体可以从以下几点去进行：

给孩子足够的爱和安全感，促使孩子建立自我意识

　　孩子的自我意识是逐步建立起来的，想要尽早让孩子具备自我意识，很重要的一个因素就是给孩子爱和安全感。当孩子没有外在的压力，处于安全和温暖的环境时，他们是喜悦的、充满活力的，孩子处于这样的状态下，他们的精神张力才会向内发展，逐渐开始发现自我，形成自我意识。

　　一个善于发现自我的孩子，他的思想会更加独立，而且很容易沉浸到一件事情中去。独立意识的萌芽，让孩子认识到了自我，从而产生与世界连接的欲望，在这个过程中发现自己的目标，然后跃跃欲试，产生强烈的内驱力，并积极行动起来。所以，爱和安全感才有利于孩子内驱力的产生。

适当放手，孩子才会更加独立自主

可能很多人会有这样的经历：小时候，在父母眼里，读书就是看课本、写作业，其他一切似乎都是在浪费时间。比如看课外书、打篮球、听音乐等，一旦孩子做这些事情，父母就非常害怕会耽误学习，随之而来的就是各种阻止。

比如，孩子看一本书时总是被打断，父母不是问作业有没有做完，就是说不要长时间看，对眼睛不好；做个作业，父母也是中途打断好几次；等等。这些行为，在父母看来是很好的管教，但在孩子看来，是非常烦人的。

作为父母，我们不妨适当放手，不要频繁地打扰孩子，把时间交给孩子，让孩子自己安排要做的事情，让他们自己产生内驱力，这样既可以训练孩子的专注力，又能培养他们的独立性。相反，如果事事都管，孩子反而会什么都不想做。

尊重孩子，相信他们的做事能力

孩子是一个独立的个体，他们有自己的思想和意识。然而，大多数父母都看轻自己的孩子，认为孩子还小，什么都不会，事事替孩子做主。其实，这就是对孩子的不尊重。

想要让孩子自我成长，就应该把孩子看作一个独立的人，了解他内心深处的需求，认识到个体的不同。毕竟孩子的身体和大脑都没有发育完全，自控力无法达到我们期待的那样。有了这样的认识，在孩子的表现不是我们理想中的样子时，我们才能理解孩子，并真正地尊重他们。

比如，当孩子原地踏步、走弯路甚至退步时，我们不要急着去干涉或帮助孩子，而是允许他们有自己的节奏，去休整、调节、前进。这才是对一个独立生命最好的尊重。

当孩子被尊重时，他们才有机会勇于去尝试，也更愿意进一步去努力，内驱力便逐渐得到释放，他们再也不用父母监督了。

孩子终究是要离开父母，走向独立的。如果把他们的时间安排得满满当当，孩子就会失去思考的机会，像个木偶一样，一旦离开父母的操控就不知道如何活动。在这样的环境下，内驱力是无法生长的。所以，要想唤醒孩子的内驱力，就要给孩子爱和安全感，尊重他们的选择，放手让他们去历练，总有一天，孩子会变得独立、强大。

孩子内驱力不足的表现及对策

在养育孩子的过程中，我们必须认清一个现实，即绝大多数孩子都是普通的，而且存在差异。如此一来，每一个孩子做事情或实现目标的内驱力也会不一样。那么，当孩子在学习和生活中出现内驱力不足的情况时，我们该怎么办呢？以下是几种常见的孩子内驱力不足的表现及对策。

孩子对任何事情似乎都没有动力

有些孩子会阶段性地出现对任何事情都没有动力，

也就是什么事情都不想做的情况。当孩子出现这种状态时，我们必须给予足够的重视。在排除严重的心理问题后，可以引导孩子多多关注他擅长的事情，从这些事情出发激发他们的兴趣。

比如，孩子很喜欢骑行，但是因为考虑到安全问题而一直被我们压着。这个时候，不妨重新点燃孩子的欲望，和孩子一起出去享受骑行的快乐，亲近大自然，放空自己，让孩子重新找回那个积极、乐观的自己。

如果孩子找不到特别擅长的事情，我们还可以对孩子说："你能做点什么吗？至少跟大多数人一样。"这样说的目的是引起孩子的思考，只要他行动起来，我们就可以在这个过程中慢慢帮助孩子找回激情。

孩子知道事情着急，但内驱力匮乏

很多家长都有这样的体会：自己的孩子也想在班里考个好成绩，或是在运动会上拿个名次，但是内驱力却十分薄弱。如果你家的孩子也是如此，不妨引导他明白，只有积极行动起来才能实现目标。

你可以这样做：询问孩子以后的理想，告诉他从事教师、外交家、律师等工作都有学历门槛。如果现在不好好读书，考不出好成绩，理想就只能是空想。孩子一旦对职业有所了解，肯定也不想做不喜欢的工作，所以他会为了理想而好好学习。我们还可以让孩子把未来的目标写下来，贴在醒目的位置，时刻提醒自己，以起到强化的作用，进而激发孩子的内驱力。

另外，还要让孩子明白"要我做"和"我要做"的区别。父母经常催促孩子做作业，对孩子来说就是"要我做"，孩子意识不到做作业与未来的目标有什么关系，自然也就没有内驱力了；而"我要做"的孩子知道学习是自己的事，对未来很重要，所以有很强的内驱力。让孩子知道现在做的事对以后很重要，他们的内驱力才会被激发出来。

孩子只对学习之外的事有动力

很多父母应该都遇到过类似的情况：一说到学习，孩子就磨磨蹭蹭，非常不情愿；一做其他事，孩子就充满活力。用一句话形容就是"除了学习之外的事都有动力"。为什么孩子就不喜欢学习呢？直白一点儿说就是没有内驱力。

当孩子做除学习之外的事情时，很多父母都会立即剥夺孩子做其他事情的热情，而逼迫孩子一心学习，这种方式是行不通的。孩子对学习没有内驱力，与孩子做其他事情是没有必然联系的。如果孩子喜欢做其他事情，如做手工、下棋、打球等一些有益的活动，不仅不应该阻止，还应该鼓励孩子好好做，这对孩子身体、大脑的发展大有益处。

然后回归重点，去激发孩子学习的内驱力。有一位教育家说过："教育最难完成的任务，就是让孩子自愿并热切去追求知识。"我认为最好的方法就是给孩子自由，不在读书上逼迫，而是让孩子在生活实践中获得内驱力。比如，有的父母带孩子去做苦力，让孩子体验赚钱的辛苦，当孩子明白不读书可能会令生活变得艰辛时，自然会选择好好读书。

每个孩子的内驱力都存在差异，在激发孩子内驱力这件事上，我们应该考虑个体差异，允许孩子慢一点儿。尤其是作为父母要起到带动作用，就像一朵浪花推动另一朵浪花一样，用自己的行为影响孩子，让孩子成长为我们期待的样子。

真正的自律是自由与约束有度

　　自律是一种能力，是一个人以积极主动的姿态去管理自己的欲望和延迟满足的能力。一般来说，自律能力强的孩子在学习、生活中更有计划性和规律性，在同样的时间里，他们能更快地找到事物的规律，并得出解决问题的技巧。

　　反之，自律性差的孩子容易受到周围环境和他人的影响，他们的专注力、理解力和执行力都相对较差。他们不能很好地约束自己，做事情很容易半途而废。而且他们做事情没有目标，因为即使制定了目标他们也很难完成，他们很难约束自己一直朝着目标奋斗。

每位父母都希望自己的孩子自律，但自律本身是一件困难的事情。放任自由带不来自律；严加管教也带不来自律，下面我们来看两个案例。

案例一

小琪是一名小学生，她在大多数老师和同学的印象中，是一个性格开朗、充满爱心、乐于助人的女孩，但是在学习上却令父母很头疼。

几乎每次老师在家长群里反馈没交作业的名单时，都少不了小琪的名字，有时候连着好几天小琪都不交作业，父母也是很无奈。

原来，小琪的父母都有自己的事业，经常加班和出差，对小琪的学习基本是放任不管的状态。这也难怪小琪不做作业了，放任的自由让她失去了自律。

案例二

小天是一名三年级的小学生，最近他的成绩从优秀掉到了中等。父母对此非常着急，于是加强管教，然而管得越严，小天的学习状态越差，这让他们焦急万分。

好在小天的父母及时调整了方法，从严管到给孩子自由，他们决定让小天自己安排学习时间。平时只是时不时地给予鼓励，并对小天做得好的地方进行表扬。渐渐地，小天就像悄悄安装了一个大马力的马达，学习变得更加主动，学习成绩很快又回到了优秀。

同样是给孩子自由，小琪的学习越来越差，而小天的成绩却能逐渐变得优秀。为什么会出现截然相反的结果呢？最主要的原因就在于自由的程度不同。

真正的自由是父母主动给予孩子的，是基于同理心和共情而让孩子获得自由自在和自然成长的环境。在这个过程中，父母不是完全放任不管，而是循循善诱，引导孩子成长。放任的自由则是一种缺乏监护的状态。这就好比一棵树苗刚种下去的时候，我们需要给它支撑几根木棍，等它扎根了再把木棍撤走。如果一开始就不支木棍，那小树苗很大概率是会被风雨吹倒的，给予孩子自由也是如此。

可见，想要培养自律的孩子，放任自由和过于约束的方式都是行不通的。让孩子在一片自由的天地里，同时又有父母的关爱，这样的环境才有利于自律的形成。有了自律，孩子自然而然就会朝着目标前进，父母再也不用担心他们在学习上缺乏内驱力了。

第 *3* 章
培养自控力，让孩子在等待中获得满足

自控力，是对外界诱惑以及自身行为习惯的一种自我控制能力。培养孩子的自控力，就是要让孩子在合适的时间和地点做应该做的事。只有自控力强的孩子，才能在等待中收获更多、更好的结果。

自控力差的孩子难以延迟满足

在超市的糖果货架旁，小女孩坐在地上不肯走，哭喊着要吃糖；玩具店里，小男孩抱着一把玩具枪不肯撒手，闹着要买……这样的情景天天都在上演。面对孩子的这些行为，相信每一位父母都会感到焦头烂额。

那么，为什么孩子就是这样不听话呢？

其实，当孩子看见自己喜欢的东西而又无法得到满足时，哭闹就会成为他们最好的表达方式。因为孩子的自我控制能力非常差，他们无法像成人那样克制自己的欲望，通常不愿等待，需求一旦得不到满足就会乱发脾气，甚至出现攻击性行为。

想要让孩子改变，就必须培养孩子延迟满足的能力，而自控力就是关键之一。

所谓自控力，也就是自我控制的能力，是个体对自身情绪和言行的主动掌控，它是一个复杂的心理过程。一个自控力强的人，能在没有外力的监督下，主动采取被社会接受的行为方式。培养孩子的自控力是儿童社会性发展不可或缺的一部分，它对孩子的成长起着重要作用。

美国在对中产阶级家庭背景的孩子进行自控力影响的研究时，发现幼儿期孩子的自我控制能力的发展和小学低年级时的学习成绩、社交能力之间的关系密不可分，主要表现在学习和生活上更能保持自控力，更喜欢上学，从而更容易获得老师的赞扬，也更容易获得友谊。

另外，心理学家米歇尔等人对孩子延迟满足的远期影响所做的长期跟踪研究表明：3~5岁时能够做到自我延迟满足的孩子，10 多年后，父母对其在学业成绩、社交能力、应对困难和压力等方面有着较高的评价。

可见，自控力、延迟满足能力强的孩子未来会更优秀。相反，如果孩子缺乏自控力，会导致出现许多行为问题，如专注力不足、多动症、攻击行为等。尤其是在延迟满足方面，要想让自控力差的孩子等待是相当困难的。

通常导致出现这种情况的原因是父母的教育方式出了问题。比如那些溺爱孩子的父母，孩子要什么便立即满足，这种养育方式让孩子养成了即时满足的习惯。一旦让孩子等待，他们就会哭闹起来。因此，如果你的孩子毫无耐心，那你不应责骂他们，而应多反思一下自己日常的养育方式有没有问题。

总之，自控力是培养延迟满足能力的关键之一。我们应该帮助孩子尽早获得这种能力。

1 岁之前，请为孩子播下自控力的种子

或许你会有这样的疑问：孩子的自控力真的能被训练出来吗？科学证明，这是可行的。

我们知道，人脑是一个极其复杂的器官，它主要包括脑干、大脑边缘系统和大脑皮质等部分。其中，大脑皮质保存着人类自出生以来获得知识的相关记忆，这种记忆与智力活动和理性有关，所以大脑皮质能很好地掌控内心产生的冲动行为，并进行理性判断，让行为变得理性起来。

美国脑研究专家通过研究发现，对自控力起到重要

作用的是大脑皮质层的前额区的一部分眼窝前额皮质，这一研究成果被联合国儿童基金会采用。一个人的眼窝前额皮质越发达，他就越能控制自身的行为。所以，对大脑进行训练，会使大脑某些区域的密度增加，进而自控力也能得到增强。

通常来说，3岁是儿童自控力培养的关键期，那为什么1岁前就着手进行培养呢？

因为自控力的形成有一个过程。1岁这个阶段的孩子，他们的记忆力不是很强，即便需求不被满足也很快就会忘记。虽然这个阶段的孩子的需求基本都是源于生理和心理的，但我们提倡父母尽可能地满足孩子。不过，婴幼儿的需求是冲动型的，会随着身心的发展不断增大，当孩子无法自控时，父母就要加以限制。

所以，当孩子有不当需求时，我们应该限制性地给予满足。这对孩子来说是很好的训练，在受挫之后，孩子的心里便会产生放弃的念头。需要注意的是，对于延迟满足幼儿的需求，我们不能像对待大孩子那样果断，而是要保持温柔而坚定的态度，这样，孩子大脑的自我控制系统才会慢慢建立。

1 岁后，孩子的自我意识越来越强，步入 3 岁阶段，孩子还会有一个小小的叛逆期，如果不抓住时机对孩子进行一定的自控力训练，越到后面训练就会越难。因此，我们应该在 1 岁之前就为孩子播下自控力的种子。具体可以从以下两个方面来进行。

从哺乳开始训练

孩子出生后，哺乳是头等大事。几乎每一个妈妈都是孩子什么时候想吃奶就什么时候喂，或者孩子一哭就喂，生怕孩子饿着；也有的妈妈掌握了孩子吃奶的规律，按照规律喂奶。其实，给孩子喂奶并没有定律，这个过程会逐渐改变。

在孩子出生之后的几周内，啜饮力很弱，而且妈妈乳汁的分泌量较少，孩子一饿就会哭，这个时期，最好的方法就是孩子想什么时候吃奶就什么时候喂。再往后的时间就要做出改变了，随着孩子大脑新皮质以及抑制大脑边缘系统冲动欲的眼窝前额皮质的发育，孩子在生活习惯上要有新的制约，饮食规律的建立就是其中之一。

因为当孩子逐渐成长，如果还是让孩子想要的时候就得到，满足大脑边缘系统欲求的喂奶习惯，就会使孩子大脑中的自我控制力中枢的发育缺乏必要的抑制刺激，从而养育出任性的孩子。所以，逐渐养成规律的喂奶习惯是很有必要的，这也是在锻炼孩子的自控力。

那么，如何建立这个规律呢？每隔多长时间合适呢？这个就要父母根据具体情况决定了。一般来说，孩子吃饱后，在3~4小时后啼哭就说明饿了，这个可以作为一个标准。另外，孩子因为饿了而哭，得不到满足是不会停止的，我们不能让孩子忍太长的时间，如果忍耐超过了限度就不是训练了，自控力训练也就毫无意义了。

从日常动作开始

我们知道，1 岁左右的孩子对任何事情都充满好奇，所以难免会做出一些不合适的行为，甚至是危险的举动。这个时候我们可以趁机对他们进行停止、放弃的训练。比如，孩子喜欢爬高、玩水等，我们可以通过阻止让孩子逐渐学会自控。

另外，1 岁左右的孩子的语言能力不发达，所以，他们有某种需求时，通常是通过大吼大叫的方式来引起父母的注意，甚至是用自己的手脚和动作来表达。因此对孩子大吼大叫是不好的，讲道理对于他们而言也是"鸡同鸭讲"。怎么办呢？我们可以使用身体语言，比如摇头、摆手来暗示他们，逐渐让他们明白这样的举动是不可以的，从而让他们学会停止。

抓住自控力培养的关键期

我们常说："3 岁看大，7 岁看老。"3 岁是孩子成长的一个重要阶段，在 3 岁内这个婴幼儿期，孩子的生理和心理发育最为迅速，尤其是大脑的发育，数十亿脑细胞不断形成网络，相互之间由数兆的突起连接组成突触。这个网络以眼窝前额皮质为中心组织，活跃在新皮质与边缘系统之间，积极地传递着信息。

随着大脑发育的不断完善，幼儿掌握了交流、判断善恶的能力，此外，他们还具备了一定的控制自我欲求的能力，能够用理性的力量控制自己的感情。所以，在

3 岁之前，我们除了要重视孩子的生理和心理发展，还要重视他们的情绪和社会性发展，特别是自我控制能力的发展。

美国心理学家克莱尔·考普对自控力非常有研究，他认为儿童早期的身心发展变化是自控能力发展的基础，并总结出了与儿童身心发展水平相对应的 5 个自控力发展时期。

神经生理调控时期（0~3 个月）

这个阶段的孩子的中枢神经系统发育不成熟，本能的生理机制屏蔽了诸多不良的刺激，保护着孩子不受过强刺激的伤害。所以，这个阶段的孩子的自控能力非常弱，我们可以不必进行过多的训练，孩子的生理成熟才是自控能力发展的重要因素。

感知运动调控时期（4~9 个月）

随着大脑的发育，这个阶段的孩子的身体和语言都得到了很大的发展，他们能够做出一些自发性的动作，而且在不同环境中的行为表现也不一样。处在多变环境中的孩子能逐渐学会通过他人的行为来区分自己的行为。

外部控制时期（1 岁左右）

由于语言和动作的发展，这个阶段的孩子对外部的感知更加敏感，他们懂得照看者的要求。比如，他们能够感知到照看者的要求和期望，并且能够自愿遵守简单的命令，这样的行为便是儿童最初自我控制行为的萌芽。

自我控制时期（2 岁左右）

这个阶段的孩子的认知、情感有了进一步发展，能够回答大人提出的一些简单问题，还能执行简单的命令，即便是在没有外部控制的情况下也能服从照看者的要求，而且能根据他人的要求延缓自己的行为。此外，他们还产生了是非观念，知道怎么做会受到表扬和惩罚。

自我调控时期（3 岁左右）

3 岁的孩子已经有了关于自我同一性和连续性的认识，他们开始思考，并做出某些决定和行动。也就是说，他们能够把自己的行为和照看者的要求联系起来，进行白我调控。

从以上 5 个儿童自控力发展时期的特点来看，儿童早期自我控制能力的发展主要是从外源性控制向内源性控制转变。即在儿童的认知、动作和语言尚未充分发展之前，主要依靠成人进行监督，通过"命令"或"阻止"等手段来帮助孩子理解和内化社会规则。等孩子能够理解规则后才逐渐脱离成人的监督，他们自己能对行为后果做出预料，然后对自己的行为进行调节。

另外，眼窝前额皮质作为自我控制力中枢，它的发育是有阶段性的。美国脑研究专家认为，从孩子出生之前到出生后 2 岁半左右是眼窝前额皮质发育最快的时期，3 岁之后几乎就不再发育了。由此可见，3 岁之前完成对大脑自我控制力中枢系统的构建是非常重要的。

所以说，要想让孩子拥有良好的自控力，在孩子 3 岁之前，我们要让孩子与同伴多玩耍和做游戏，在这种集体活动中，孩子慢慢地就能学会如何与人相处、学会忍耐，适度控制自己的情绪等。只有这样，孩子才会有更好的未来。

善用快感原则和现实原则

3 岁是培养孩子自控力、忍耐力的最佳时期。在这个阶段内，如果父母不加以管教和引导，孩子就可能养成任性的性格。如果孩子小时候对行为准则没有一个良好的认识，那他长大后就会把违规当成家常便饭。那么，我们该如何培养孩子的自控力呢？

这里我推荐一个方法：善用快感原则和现实原则。

这两个原则是由奥地利心理学大师弗洛伊德提出的，属于精神分析用语。要想更好地运用这两个原则，我们还必须了解什么是人格。在弗洛伊德的学说中，人格被视为从内部控制行为的一种心理机制，这种内部心理机制决定着一个人在一切给定情境中的行为特征或行为模式。弗洛伊德认为，完整的人格可以分为本我、自我和超我。

本我，指本能的我，完全处于潜意识之中，是刚出生时表现出来的全部东西。本我是按"唯乐原则"活动的，它不顾一切地要寻求满足和快感。比如，婴儿饿了就要吃，尿湿了就会哭，直到需求得到满足才停止。也就是说1岁以内的孩子基本没有忍耐力。

自我，是人格有意识的、理性的成分，反映了一个人对追求各种欲望、利益的满足。处在自我阶段的孩子逐渐出现了理解、学习、记忆和推理能力。他们不再只会哭闹，而是懂得告诉大人他们想要什么，所以1岁之后的孩子懂得去寻找比较现实的方式来满足自己的需求，并且逐渐学会忍耐和等待，即现实原则。

超我，是道德化的自我，它是人在儿童时期对父母道德行为的认同，对社会典范的效仿，是接受文化传统、价值观念、社会理想的影响而逐渐形成的。超我遵循道德原则，它有三个作用：一是抑制本我的冲动，二是对自我进行监控，三是追求完善的境界。

了解了人格的不同层次，我们便能更好地理解孩子的需求，然后在日常的养育中运用快感原则和现实原则了。

对于年幼的孩子来说，当他们的需求得到满足时，就会产生一种快感，于是产生更多的相似需求，以获得更多的快感。有些父母就喜欢用快感原则来养育孩子，他们只想让孩子高兴。于是，孩子想要什么玩具就给他买，孩子想吃什么就给他做，孩子不喜欢的一概不买，不做。这样一来，孩子就变得自控力差，爱发脾气，以自我为中心。相反，那些经过等待才能得到满足的要求，让孩子知道了需要等待这个现实，从而学会忍耐相似的需求。

所以，我们不能只用快感原则养育孩子。因为抑制孩子冲动情绪的训练，只采用快感原则是不可能做到的，必须借助阻止该冲动的现实原则才能完成。因此，我们养育孩子必须将快感原则和现实原则相结合。

首先，对于孩子及时并且合理的要求，我们要尽可能地立即满足。比如，口渴了喝水、及时大小便等生理需求，这些是孩子出于生存的本能，父母一定要根据快感原则行事。

其次，对于孩子合理的、可以延后满足的需求，不妨借此机会训练孩子的延迟满足能力。比如，当孩子急着想出去玩的时候，可以对孩子说："等妈妈拖完地，再出去好吗？"等等。像这样非基本的生理需求，就可以用现实原则行事，让孩子逐渐学会忍耐和等待。

通常来说，在幼儿阶段适当用快感原则和现实原则训练孩子，有助于他们树立正确的社会性认识和价值观，而且成人后会拥有更强的自控力，能更好地克制自己的欲望，承受社会压力，适应社会的发展。

3 岁后，培养孩子的自我管理能力

相信很多父母都听过这样一句话："3 岁决定孩子的一生。" 3 岁后的孩子开始脱离父母，进入幼儿园学习和生活，他们需要提升生活自理能力，养成良好的行为习惯，学会和小伙伴交往，培养规则意识，延迟对某个需求的满足等。而这些方面与孩子的自我控制和自我管理能力息息相关。

那么，孩子 3 岁之后，我们该如何培养孩子的自我管理能力呢？

为孩子做榜样

　　学龄前儿童是通过观察身边的人来学习的，他们从大人身上学到的东西通常比我们想象的要多得多。所以，有些孩子的自我管理能力差也可能与父母有关。

　　　　若若的自我管理能力较差，但却伶牙俐齿。平时只要若若有做得不对的地方，妈妈就会训斥一番。然而，若若对妈妈的训斥不仅不听，反而很会反驳，一副"管理"他人的样子。

　　　　比如，在家里，妈妈说话做事稍有不当，若若就会马上"挑错"。为什么会这样呢？原来，妈妈也是这样，她对自己要求并不严格，但对若若的要求却严格很多。因此，若若心里很不服气，她常常反驳妈妈说："自己都管不好，还来管我？"

孩子的学习模仿能力非常强，想要让孩子拥有很强的自我管理能力，父母首先就得成为一个优秀的自我管理者。如果自己都管理不好自己，在要求孩子如何做的时候又怎能让他服气呢？所以，要想教孩子学会自我管理，家长应先从自己做起。

给孩子主动权

多数乖孩子习惯了一切由父母包办，为了不引发和父母的冲突，就会完全听从父母的安排，这样的孩子已经失去了自我管理的主动权，也就谈不上具备自我管理的能力了。

因此，父母要给孩子自我管理的机会，给予孩子各方面的主动权，平时可以为孩子"出谋划策"，但选择权、决定权要留给孩子。父母只起引导作用，要试着让孩子管理自己的生活，甚至当孩子犯某些错误时，也不要急着去指责，应让他自己去发现和纠正。

需要注意的是，作为父母，不用过于担心孩子管理不好自己而放不开手。只要给他们机会，并给予正确的引导，他们就会越来越善于自我管理。

做好监督工作

当放手让孩子进行自我管理的时候，父母不能当甩手掌柜，毕竟孩子的自控力处在发展的阶段，他们还无法完全控制自己的行为，如果完全脱离约束，很可能会离目标越来越远。所以当孩子"忘记"进行自我管理的时候，父母可以提示他一下。

天天对动画片很着迷，为了不让他沉迷电视，妈妈希望他能够自己约束看电视的时间，否则就永远不能看动画片。

因此，天天给自己制定了一个看电视的规定：每天看动画片不超过半小时。但有些时候，天天看着看着就忘记了时间，这时妈妈总会不失时机地提醒他："天天，记得你自己的规定哦！"听到妈妈的提醒后，天天只好不舍地关掉电视机。

　　想要让孩子自己控制看电视、玩手机之类的娱乐活动是有一定难度的，不少父母遇到类似情况就对孩子大发雷霆："为什么不能遵守时间？"这其实就是在替孩子进行自我管理，我们不妨相信孩子，多给他们几次机会，或许孩子就成功了。

　　一个具备良好自我管理能力的孩子才懂得等待和忍让，才能在集体的生活和学习中更加和谐、快乐。

不过度控制，孩子才能学会自控

　　大多数父母认为，孩子自控力差是因为管教不够，这有一定的道理。但是过于强势的父母很大概率会养育出懦弱的孩子，因为一贯的强势，会让孩子失去自我决策的机会。这样的父母时刻都在监控孩子的一举一动，并强迫孩子服从自己的意愿。长期如此，孩子就完全丧失了学习自我控制的机会，只会盲目、被动地顺从他人的意志，当然也不可能学会自控了。

小雄是一名小学二年级的学生，为了让小雄更好地学习，妈妈给他准备了一个独立的房间。然而，小雄每次从学校回到家中，妈妈就开始管束："不能看电视、玩玩具，放下书包，先把布置的作业做完。""吃饭时间不能磨蹭，饭后接着学习。"……

小雄对妈妈的这些安排十分不满意。他放下书包，坐在书桌前，开始磨磨蹭蹭地写作业，在厨房忙碌的妈妈还时不时地进来督促；吃饭的时候，小雄也是心不在焉；等等。小雄只是想通过这样的方式来表达自己的不满。

其实，小雄的这些表现都源于妈妈的过度控制。父母爱孩子心切，我们都能理解。每一位父母都希望孩子能够按自己的意愿去做事，想把孩子培养成自己心中设想的样子，一旦孩子有所偏差，就对孩子"恨铁不成钢"。可是，如果家长长期控制孩子，就很容易让他们的情绪堆积，会影响他们的性格，甚至是三观。

作为父母，我们必须认识到，孩子虽然小，但他们也和成人一样，需要有自己可以支配的时间以及自己能自由玩耍的空间。如果时间上全由父母安排，不征求孩子的意见，只是一味地让他们执行命令，孩子的自主性是很难培养出来的。

所以，我们对孩子的管教需要把握好度，放任自流是不负责任的表现，过度管教同样也是不负责任的表现。从现在开始，不妨改变自己的教养观念，还孩子一个相对自由的空间吧！以下几点做法对孩子非常有益。

放下自己的权威，和孩子做朋友

不少父母在孩子面前总是表现出一副高高在上的架势，喜欢把自己的想法强加给孩子，这种做法会限制孩子的自由和自主性。这些父母之所以控制感强，不让孩子自主选择，是因为担心孩子犯错。其实，错误对于孩子并不可怕，他们需要在错误中成长，父母应该给予孩子充分的信任。

当父母觉得孩子不听话，用强势的权威逼迫孩子服从自己的意愿时，请换位思考一下，如果自己不被人尊重，只被要求听话是一种怎样的感受。因此，不妨放下架子，把自己放在和孩子平等的位置上，真正做到尊重孩子，在大多数事情上只提出想法和建议即可，让孩子自己去选择。

另外，父母要少对孩子使用命令的口气，而应多采用商量的方式。这样会消减孩子对父母的抵触情绪，从而营造出一种温馨友爱的氛围。一旦你和孩子成为朋友，你会发现，孩子并不是那么差，很多事情只需要你的一点儿提示，他们就能做得很好。在这样的环境下，孩子会变得越来越有自主性，自控力也会增强。

学会放手，让孩子自己去尝试

除了强势的父母之外，亦有不少父母对孩子太过于溺爱。比如，家长事无巨细地为孩子包办代替、过度照顾，这对培养孩子的自我控制能力是非常不利的。因为孩子一旦习惯了饭来张口、衣来伸手的生活，他们就不会去思考，懒得去行动，一切由父母安排。这样养育出来的孩子独立性差，一旦离开父母、家庭，生活就不能自理，寸步难行，遇到事情更是不知所措，无法自控。可见，父母适当的关心和照顾有利于孩子的健康成长，但一旦照顾过了头，就会带来上述种种问题。学会适当地放手，让孩子自己尝试，他们才能健康成长。

给孩子多一点儿宽容

作为父母，我们总是觉得孩子笨手笨脚，明明很简单的事，他们也能搞得很糟糕。其实，以成人的眼光去衡量孩子是不恰当的。我们应该明白孩子是稚嫩的、不成熟的、容易犯错误的。有些事情在成人眼里确实很简单，但孩子没有做过，出现一些错误是在所难免的。

爱因斯坦曾说："谅解也是教育。"对于孩子的过错，父母为什么不能多一点儿理解和宽容呢？要知道宽容能使父母更容易走进孩子的内心，变成孩子可亲可敬、可以推心置腹的朋友，从而顺利帮助孩子健康成长。宽容也能让孩子保持积极向上的心态，变得自立自信。

总之，要想让孩子真正独立，拥有自控能力，我们就要学着去理解孩子，把孩子当成一个自由的人，从他们的角度去分析，去了解孩子的需求。包办一切的爱只会让孩子失去自我，失去独立思考和锻炼的机会，最终使孩子无法制定和实现自己的人生目标。在这种环境下成长的孩子会非常痛苦，相信这也不是父母们希望看到的。

接受等待的煎熬，方能获得优秀品质

　　法国教育家卢梭在《爱弥儿》中说："你知道用什么办法使你的孩子得到痛苦吗？这个办法就是'百依百顺'。"这已经成为很多父母对孩子养育的现状。太多的父母对孩子的要求有求必应，只要孩子喊一声，他们便马上放下手中的工作。因为在他们看来，大人可以等待和忍耐，但孩子没有这样的耐心，哭起来就更麻烦了。

　　其实，对孩子过于依顺的后果，只会让孩子缺乏耐心和等待的意识，而接受不了等待的孩子必然会在成长的路上面临更多的困难和挫折。

　　小朵小的时候，是家里的掌上明珠，无论是她的呼唤，还是发问，一家人都会赶忙停下手里的活儿，第一时间来到小朵的面前，他们都害怕迟一会儿就会给小朵带来不安。相较之下，小朵的姐姐大朵，父母就更加放心。

　　后来，小朵的妈妈想：为什么自己可以对大朵放心，而对小朵就这么依顺，仅仅是因为她小吗？经过认真思考，小朵妈妈终于想明白了，小朵也会慢慢长大，不能一直这么惯着她，也要让她学会独立，学会等待。

　　一次，小朵的爷爷来了，大朵见到爷爷非常兴奋，有一肚子的话想跟爷爷说。这时，小朵也跑上前去，争着要跟爷爷说话，两姐妹互不相让。要是以往，妈妈肯定叫大朵让着小朵，这次却不一样，妈妈坚定地对小朵说："做事情要有先来后到，姐姐先到就让姐姐先讲吧，然后你再说，这样才是好孩子。"

小朵虽然嘟着嘴不太乐意，但还是很耐心地让姐姐先讲完了，轮到她时，她一下子又恢复了愉快的表情。小朵妈妈开始意识到，小朵也是能够学会等待和忍耐的。

等待是难受的，会让孩子变得烦躁，长时间的等待更是一种煎熬，但这是孩子必须养成的品质。就像小朵一样，一开始让她学会等待有一定的困难，不过，我们可以从诱惑力小的、短暂的等待开始训练，逐渐地让孩子拥有耐心。

学会等待，孩子在成长的过程中会收获更多的优秀品质。

培养孩子的耐心

等待就是一场考验孩子耐心的训练，我们可以把每一次的等待看作是培养孩子耐心的良好时机。从婴儿期开始，孩子饿了就会哭闹，在准备食物的过程中孩子需要等待；陪孩子进入游乐场游玩，排队买票需要等待；等等。这些日常的等待于不知不觉中培养着孩子的耐心。

所以，当孩子有需求的时候，能适当延迟的就绝不立即满足，一点一滴的等待训练都有助于孩子耐心的培养，这对孩子今后的成长是极其有益的。

让孩子更加独立和冷静

当孩了在等待的时候，他开始明白遇到问题的时候需要冷静对待，而不是毛毛躁躁地乱发脾气。并且时间让他有了机会自己去思考怎样解决问题，慢慢地孩子会发现原来很多事情他自己可以做到，于是不再等待爸爸妈妈的帮忙，自己就独立去做了。

等待让孩子学会体谅

孩子并不知道他们为什么要等待，父母在延迟满足孩子需求的时候，可以告诉孩子等待的原因。比如，"每一个孩子都想玩碰碰车，但是人太多了，所以需要按先来后到的顺序排队。""等一会儿再出去玩，爸爸现在要把书桌组装好。"让孩子知道，别人也一样有需要，当孩子看到并且听到我们的要求时，他就会明白怎么去体谅他人。

培养孩子的同理心

当孩子明白这个世界并不是围着他一个人转的时

候，他那以自我为中心的意识就会逐渐被打破，他会开始关注身边的人。尤其是当孩子明白有时候等待是为了方便别人时，他会开始产生同理心：原来不仅仅自己有需求，别人也一样。基于这样的同理心，孩子便能更有耐心。

让孩子更加自控

情绪自控是一个非常重要的品质，它是一个人成功的必备要素之一。等待其实就是一个自控的过程，当孩子面对诱惑时，能否控制住情绪、耐心地等待就是面临着的很大的考验。从小训练孩子等待，可以很好地改善孩子的自控能力。

有耐心的孩子做事更易成功

我们经常能听到一些父母的抱怨：自己的孩子在生活和学习中缺乏耐心，尤其是面对有一定难度的事情时，更是心浮气躁，坐不住。比如，写个字坐下没几分钟就喊累，嚷嚷着要休息；学什么东西都是"三天打鱼，两天晒网"；看见好吃的东西就急着要吃；等等。

缺乏耐心，似乎是每一个孩子都存在的情况。孩子并不明白"欲速则不达""心急吃不了热豆腐"这样的道理，他们只是以自己想要的东西能够立即得到满足为目的，延迟满足考验的就是孩子的耐心。

　　　　小萱是一个急性子的孩子，在家里总能听到她的喊叫声。无论是吃饭还是玩耍，她想要的东西，如果爸爸妈妈不及时满足，她就大喊大叫。

　　　　有一次，爸爸买了一个菠萝，小萱看见了就闹着要爸爸削给她吃。闻着菠萝的香味，再看着黄色的菠萝果肉，小萱迫不及待地拿起一块菠萝皮舔了一下。尝到味道后，小萱拿着刚削好的一块菠萝就吃起来，完全不顾爸爸的忠告。

　　　　结果吃完没过几分钟，小萱就感到嘴里非常不舒服。原来不泡盐水的菠萝没有去掉涩味，吃完嘴里会有一种涩、辣的感觉。不舒服的小萱又哭闹了一顿。

　　耐心，在心理学上属于意志品质的·个方面，即我们说的耐力。它与意志品质的其他方面，如主动性、自控力等存在一定的关系。培养孩子的耐心不仅对他的学习有帮助，而且对他今后的成功也有很大的影响。

不过，孩子毕竟是孩子，他们一般都不够有耐心，只要想到了或者听到了，他们便要求立刻兑现，否则便不停地纠缠吵闹，直到父母满足他们的要求为止，就像小萱一样。

这其实并不奇怪，因为孩子的耐心并不是与生俱来的，而是需要后天的培养。我们可以通过培养孩子耐心的办法，来提高他们的自我控制能力，让孩子在延迟满足方面有一个大的长进。

那么，父母应该怎样来培养孩子的耐心呢？

给孩子一个良好的成长环境

在孩子的成长期，环境对他们耐心的养成起着重要的作用。孩子们总是会试着去学大人的一些习惯，如果父母自己都没有耐心，那么他们的教育显然是苍白无力的。父母应当试着与孩子共同学会克制，学会等待，在具体的学习生活中培养耐心。

比如，晚上妈妈跟孩子一起学习，当孩子不断地起身、坐下时，做妈妈的却可以坚持看书，孩子见妈妈能够耐心地看书，也就能受到一些感染。

通过这样的训练，渐渐地你会发现孩子的进步。当孩子耐心地完成一件事情时，我们应该多给予鼓励，少一些指责，毕竟对孩子而言这也是一种成功的体验。父母经常进行耐心的亲子活动，积少成多，一定可以大大提升孩子的耐性。

在等待中培养孩子的耐心

在很多家庭中，孩子就是父母眼中的宝贝，孩子要求什么，父母能办到的都会尽量去满足，但是这种"立即满足"会让孩子的性格变得急躁、任性、缺乏耐心。有时孩子只要想到一件事情，总是希望立刻去做，否则便会不停地纠缠。

怎么办呢？可以让孩子在等待中提升耐心。比如，孩子想出去玩，但是家务没有收拾完。我们可以让孩子先看看喜欢的书，或是准备出门的物品。尽量坚持住，不能因为孩子的要求而做出让步。如果每次都是只要孩子一要求就做出让步，孩子得到的经验就是"爸爸妈妈总是听我的，我想怎样就可以怎样"，那么，孩子就会越来越没有耐心。

另外，父母也不要用生硬的态度命令孩子，如"没看到我在忙吗，等着！"这样容易让孩子产生逆反心理，起到负面的作用。

尝试"3分钟"耐性训练法

关于训练孩子的耐心，美国教育家安吉娜·米德尔顿在《美国家庭的卡尔·威特教育》一书中介绍了一种"3分钟耐性训练法"，这种方法对训练孩子的耐性效果显著，我们也可以尝试一下。故事是这样的：

皮奈特是一个缺乏耐性的孩子，他只爱看电视和玩游戏，对书本不感兴趣。一天，父亲拿着个沙漏告诉他说："这是古时候的钟表，里面的沙子全部漏下去时，正好是 3 分钟。"皮奈特想玩玩这个沙漏，这时父亲说："以沙漏为计时器，你和爸爸一起看故事书，我会边看边讲给你听，每次以 3 分钟为限，3 分钟到后你可以自由去玩。"皮奈特很高兴地答应了。

可是，皮奈特虽然表面上静静地坐下来听爸爸讲故事，但事实上他根本没有留意看书，而是一直看着那个沙漏，3 分钟一到，便抓起沙漏把玩起来，玩腻了便跑去玩了。

皮奈特的父亲没有气馁，经过数次之后，皮奈特的视线渐渐从沙漏转移到了故事书上。因为故事情节吸引人，皮奈特听得特别入神，他要求延长时间，但父亲坚持"3分钟"约定，不肯继续讲下去。皮奈特为了早点知道故事情节，就自己主动阅读了。

3分钟的时间，正好符合孩子注意力的特点，这种循序渐进的训练，让孩子从没有耐心到产生兴趣，再到对事情的专注，久而久之，孩子形成了习惯，耐性也就提高了。

第 *4* 章
面对诱惑与挫折，请给孩子坚韧的意志力

成长是一个充满诱惑和挫折的过程，虽然父母无时无刻不在呵护着孩子，但孩子的路需要他们自己走，父母能做的就是教给孩子面对诱惑、挫折的勇气和意志，让孩子放弃即时享乐，转而坚持、耐心地去做长期、有价值的事情。

心理承受力，是孩子经受风雨的基石

在儿童阶段，孩子会遇到很多困难，如学习的压力、父母的强迫、社会的诱惑等，面对这些压力或诱惑，具有良好心理承受力的孩子才能以乐观的态度积极应对，而心理承受能力差的孩子通常是选择逃避，甚至跌倒在成长的路上。

小辰今年7岁，是一名二年级的小学生。有一天，小辰像往常一样走在放学回家的路上，正好遇上了同班同学小伟。小伟笑呵呵地把小辰叫到一边，拿出了书包里的弹弓。小辰见到弹弓，一下子就来了兴致。

在小伟的示范下，小辰玩得很入迷。不巧，班主任路过正好看见他们在射树上的果子，结果一顿训斥："好的不学，就知道学坏的，难怪成绩这么不理想。"小辰一听这话，心里十分不快，回到家后就闷闷不乐。

妈妈见小辰一脸不悦，赶忙问怎么了，谁知道小辰竟说不想去上学了，就因为老师批评他了。小辰妈妈这时才意识到孩子的心理承受力太差了，一直溺爱孩子是个错误。

原来，小辰受不了老师的批评，是因为他在家里一直被溺爱，所有的家庭成员都对他百依百顺。如果孩子一直处在安逸的环境中，其心理承受力就得不到锻炼，一旦被责备就容易产生心理问题。

可见，强大的心理承受力对孩子的成长非常重要，它可以使孩子以乐观的态度去面对生活中的困难和障碍，从挫折中快速恢复愉快心情。同样地，心理承受力强的孩子所具备的延迟满足能力更强，更能承受住诱惑和长时间的等待。

不过，良好的心理承受力并不是与生俱来的，它是在后天培养、磨炼出来的。我们应该从小对孩子进行磨炼，让孩子独立去做一些事情，去经历困难，去遭受打击，让孩子的心理承受力在这些挫折中得到培养、锻炼。这样当孩子遇到困难时才不会悲观、焦虑，并能积极地想办法去战胜它。

具体来说，我们可以从以下几个方面来培养孩子的心理承受力。

放手让孩子自己处理事情

缺乏独立意识以及战胜困难的信心和勇气是心理承受力差的根源所在。被溺爱的孩子经常处在被指示的地位，没有自己做选择和决定的机会，当他们真正独自面对学习、生活、交往中的那些困难或压力时，往往不知所措。

所以，把孩子当成"小皇帝""小公主"捧在手心里，经常替孩子包办一切，是不明智的养育方式。我们应该尽量让孩子自己决定和处理个人的事，为培养孩子良好的心理承受力打下基础。

让孩子保持平衡的心态

任何人都有优缺点，任何事情也都有利有弊。我们要告诉孩子不要只盯着自己的不足或对自己不利的那一面，而应该看到自己的优点，盯着有利于自己的一面。当孩子受到打击的时候，我们应及时帮助孩子排解心中的压力，帮他们分析问题，鼓励他们勇敢面对困难，让他们保持平衡的心态，从而提高孩子的自信心和心理承受力。

有目的地进行心理训练

心理和身体一样，通过一定的锻炼才能更加健康。在培养孩子的心理承受力方面，自然少不了"挫折教育"，在心理上适当地让孩子经历一点儿挫折，他们的内心才会更强大。比如，在孩子取得成绩的时候出点儿难题，在他们失败、失意的时候给予鼓励，教育孩子始终以平和自然的心态面对困难，这样才能使他们经得起未来人生道路上的风雨。

给孩子一个情绪宣泄的窗口

面对困难和挫折，孩子感到悲伤、沮丧是不可避免的。对于孩子的这些不良情绪，我们不能逼迫孩子坚强，而是应该让孩子尽情宣泄，告诉孩子："我知道你很难过，想哭就哭出来吧！"或者给孩子空间和时间去消化自己的不良情绪等。

　　适时地释放不良情绪，心理才能健康。这就好比一个充满气的气球，如果一个劲地吹气，气球无法承受就会破裂。孩子的心理承受力也一样，随时清空心里的压力，才能承受住更多的压力。

　　其实，每个孩子最初遇到困难和坎坷时都会显得脆弱，这个时候，父母要及时给予孩子帮助，认真和孩子交谈，解开孩子心中的疙瘩，并开导孩子多想一想自己的优势和有利于自己的一面，不断增加孩子的信心，让孩子在面对困难时具备足够的心理承受力。

教孩子勇敢地对诱惑说"不"

　　生活中，有太多的诱惑让孩子毫无抵抗力，如好吃的食物、漂亮的衣服、好玩的游乐项目等，孩子对这些想要的东西通常是立即就想得到，害怕稍微等待就会失去。因此，在对孩子进行延迟满足训练时，我们可以教孩子勇敢地对诱惑说"不"。

　　抵挡诱惑，需要孩子具备一定的勇气。有勇气的孩子在面对困难、诱惑、挑战时内心才能够克服失去的恐惧，并以积极主动的心态去面对；而经常害怕失去的孩子就想立刻得到想要的东西。

虽然每位父母都希望自己的孩子勇敢，在面对诱惑时可以勇敢地说"不"，遗憾的是，大部分孩子都做不到。

小羽是个小学三年级的学生，长得文静秀丽，很喜欢布娃娃，每次在商场看见漂亮的布娃娃就走不动路。小羽的妈妈说小羽的房间已经陈列了各式各样的布娃娃，但是每次逛商场她都买个没完。这很让小羽的妈妈头疼。

家里的那些布娃娃，小羽每天都会仔细地照看。如果有朋友来家里玩，她担心布娃娃会被人拿走，就把自己的房门锁上。

不仅如此，在其他方面，只要是小羽喜欢的东西，她都想立马得到，仿佛迟疑片刻东西就会消失一样。

其实，每个人对诱惑都是很难抵御的，更何况是孩子。但我们依旧可以通过教育，让孩子懂得对物欲的控制。比如，经常对孩子进行情感教育，引导孩子了解社会的复杂性，使孩子理解世界上有许多东西是金钱买不到的，必须珍惜自己的人格、道德等精神世界的财富，从而提升孩子对诱惑的免疫力。

像小羽这样的孩子，生活中很常见。他们之所以物欲强烈，是因为从小就一直被满足，所以抵御诱惑的能力较低。怎么办呢？我们可以从以下几个方面入手培养孩子的抗诱惑力。

正确区分"想要"和"需要"

孩子在好奇和攀比的心理之下，他们想要的东西很多，这些东西有些是他们真正需要的，有的只是想要的。这时，父母一定要分析孩子是"想要"还是"需要"，并让孩子明白这个道理，树立他们合理的消费观念，帮助孩子有效地抵抗诱惑。

对于孩子需要的，父母可以满足孩子的需求。比如，绘画需要的工具，鞋子破了需要买新的，等等。对于有些只是想要的，且起不到任何作用或是不合理的就延迟满足或拒绝满足。比如，同学有手机孩子也想要；衣服没穿几次，孩子就嫌不好看想买新的；等等。

对孩子过分的要求拒绝满足

对于孩子提出的某些要求，我们要先了解孩子想要这个东西的动机，如果孩子只是想与别的同学进行攀比，那么就应该拒绝满足孩子，对他的要求不做任何回答。

除此之外，父母可以借此机会对孩子进行深入的教育，告诉孩子盲目攀比是不对的。如果孩子不听，可以尝试让他凭自己的能力去获得想要的东西，让孩子体会到赚钱的不易，从而建立起孩了对家庭的责任感。

有意转移孩子的注意力

缺乏自控力的孩子常常不能等待一段时间以得到自己更想得到的东西。为此，父母可采用转移注意力的方法。比如，孩子很想吃棒棒糖，闹着要买，这时你可以对他说："先把它们画在纸上，然后我们再去买好不好？"父母可以多设置一些此类情景，有意识地训练孩子转移注意力，使他渐渐能够控制自己的行为。

锻炼孩子的意志，提升抗诱惑能力

面对诱惑，孩子需要坚强的意志品质和心理素质。孩子不能抗拒诱惑，主要是意志薄弱，因此，我们应该创造机遇，多带孩子参加一些体验锻炼，经受过艰苦锻炼的孩子往往意志更坚强，有着更完善的判断能力。

分享自己的经验，做孩子的榜样

孩子特别爱模仿父母的言行，因而，父母的榜样作用对孩子影响极大，父母应该以自己良好的形象来影响孩子。比如，父母可以坦率地承认自己也曾非常想得到某些东西，但后来发现其实自己并没有那么需要它们。父母应多跟孩子分享一下自己抵制诱惑的一些经历和方法。这样，孩子就会明白，爸爸妈妈也一样需要抵制诱惑。

孩子抗诱惑力的培养，需要长时间的努力。在平时，父母既要认可和满足孩子的一些基本要求，又要控制某些不良欲望的无限膨胀，提高孩子对物质诱惑的抵抗力，让孩子健康成长。

挫折教育让孩子身心更独立

作为父母，我们总是期待孩子在成长的路上能够一帆风顺，但这个愿望往往都会落空。事实上，孩子在成长过程中面对的挫折和困难并不比成人少。既然如此，我们大可换一种思维方式——让孩子在挫折中历练和成长。

请回忆一下，你的孩子是否有以下这些情况：

A. 天生胆小，在陌生的环境下害怕跟陌生人说话，甚至不愿意单独一人去参加同学的派对。

B. 在学习语文的过程中遇到了很多困难，即使报了辅导班，也没有好转，反而更厌烦学习语文了。

C. 当班里转来新同学时，尤其是看到大家都围着新同学转时，心里很不是滋味。

D. 孩子很想去学游泳，可是需要等到暑假，于是心情不好，做什么都无精打采。

……

当孩子面对挫折时，我们总是担心孩子的心灵太脆弱，无法承受挫折的伤害。其实，挫折并不可怕，它就像一道门槛，孩子不小心绊倒了，站起来跨过去就是收获与成长。经过挫折磨炼的孩子，在为人、处世、认知、情绪、行为等方面都会得到提升，身心也会变得独立。

身心独立的孩子才能逐步建立健全的人格，反之，孩子的思想、行为就会出现问题，比如无法坚定自我、依赖性强、不能坚持完成目标等，这些表现又会反过来促使孩子的身心变得更加不独立，从而阻碍孩子独立人格的形成。而对于孩子来说，拥有独立的人格，他们才有耐心去做自己的事情，在实现目标时才能更加坚定。

进行有效的挫折教育，是孩子内心独立的内驱力，亦是放弃即时满足而坚定长期目标的必要保障。只要孩子敢于面对挫折，那无论是多久的等待，他们也依然能坚持到底。

那么，如何才能让孩子在挫折中变得更加独立呢？作为父母，我们可以从以下几个方面入手。

引导孩子坚定信念，做自己

不独立的孩子一般都有缺乏自我意识、受他人观点左右、不敢坚持自我、不能坚定自己的信念、害怕自己和身边的同龄人不一样等心理。其实，每个孩子都是不同的，我们要告诉孩子勇敢地做自己，坚定自己的信念，这才是独立的开始。

此外，在生活中也要给孩子更多的机会，让他们发挥主观性。比如，当与孩子发生意见冲突时，不要简单粗暴地命令孩子按照自己的意见来，这是不利于培养孩子独立的，而是应该多听听孩子的意见，对合理的意见给予肯定，不合理的部分进行点评。这样一来，孩子就慢慢有了主见，独立性也越来越强。

增强主观能动性，明确目标

在挫折面前，大多数孩子都是被动、消极的，因为他们内心不够独立，还存在很强的依赖心理。比如，作业做不出来会寻求爸爸妈妈的帮助；舞蹈动作总是学不会就越来越不想上舞蹈课；等等。这都是孩子缺乏主观能动性、不独立的体现。

如果想要让孩子做事更有动机和目标，那么就要帮助孩子克服消极、依赖的心理，培养孩子建立明确目标的好习惯，让孩子的每一次行动都有目的，从而增强孩子的主观能动性、提升孩子的意志力。

鼓励孩子去社交

社交能锻炼孩子的独立性。当孩子离开父母或者家的环境后，需要独自面对陌生的一切，这对孩子来说是莫大的考验。比如，克服内心的恐惧，忍受别人的冷眼，甚至解决社交中的冲突等。让孩子走到社交中去，他们才能成长。

当然，我们要教会孩子一些社交的技巧。比如，让孩子学会尊重他人；懂得用欣赏的眼光看待别人的优点；愿意开口赞美他人；等等。

挫折启迪逆商，提升孩子延迟满足的能力

在孩子的成长过程中，挫折是不可避免的，引导孩子正确应对挫折还可以启迪他们的逆商。

那么，什么是逆商呢？简单地说就是孩子面对挫折时的反应能力，即面对挫折、战胜挫折和超越挫折的能力。逆商越高，孩子的抗压、抗挫能力就越强，延迟满足的能力也越强。

当孩子的需求得不到满足时，这对他们来说就是一个极大的挫折。比如：

"为什么倒霉的总是我？好不容易排队轮到自己了，

限量版的球鞋却卖完了，只能等明天到货了再来买，可是我真的不想等啊！"

"这次考试又考砸了，妈妈定好的手表奖励又拿不到了，我真的不知道自己能不能考好，这太难了。"

"准备了一整天，眼看周末就可以去旅游了，可是天气预报说有暴雨，景区关闭，只好取消行程。这一耽搁，不知道啥时候能去了。"

······

在挫折面前，抱怨、自暴自弃、迷茫等都是孩子逆商低的表现，这些表现对培养和建立孩子的自信和耐心都是不利的。逆商低的孩子，一方面，他们的受挫感强，容易产生受挫心理，在面对挫折的时候，容易表现出逆来顺受、听天由命的消极态度。另一方面，逆商低的孩子喜欢待在自己的舒适圈里，不愿意打破自己的舒适圈，选择忽视变化、逃避挫折，他们否定自我，不相信自己能应对变化，能在变化中变得更好。

所以，引导孩子正确认识挫折非常重要，在某种程度上，挫折可以启迪孩子的逆商，增强孩子的自信与耐心。我们要引导孩子抓住每一次挫折，提高面对逆境的反应能力，具体可以从以下几个方面进行尝试。

告诉孩子挫折不等于失败

挫折和失败虽然有联系，但它们是两个不同的概念。挫折不是最终的结果，通过努力克服后便是成功。有些孩子在遇到挫折时，就轻易认定自己会失败，这是缺乏自信的表现。因此，父母首先要让孩子弄清楚什么是挫折、什么是失败，以免孩子错误地把挫折定义为失败。

比如，孩子考试考砸了，奖励又泡汤了，这时我们可以引导孩子："一次没考好并不意味着永远的失败，只要平时努力学习，在下一次考试时就有可能取得突破。如果因此而选择放弃，结果只能是失败。"父母积极的引导才能让孩子在挫折中不放弃。

培养孩子的复原能力

　　自我修复是一种能力，孩子自身的复原力可以很好地应对挫折。所谓复原力，就是指孩子在面对逆境或其他重大压力等各种困难经历时的反弹能力，主要是一种在逆境、挫折中自救、恢复甚至是提升自我的能力。强大的复原力可以让孩子战胜挫折。

　　想要让孩子获得复原力，一方面是要让孩子学会接受生活中的不确定性，提升孩子的随机应变能力，另一方面是培养孩子接受和战胜挫折的能力，树立积极应对挫折的心态。除此之外，还要提升孩子的自控力，让孩子遇到挫折时不慌张、不退却，能够时刻保持坚定的自信。

在实际任务中提升抗挫力

孩子的逆商是通过后天养成的，平时我们可以多交给孩子一些任务，这些任务对于孩子来说就是一种逆境的训练。比如，画画时衣服沾上了颜料，告诉孩子方法，让他自己去洗干净；让孩子来安排一家人的出游计划；等等。

我们希望孩子能够完成任务，更希望他们有所创造，在这个过程中不断解决问题，增强耐性。当然，任务的要求要适当，如果过高就会打击孩子应对逆境的信心。孩子的逆商提高了，在面对挫折、延迟满足方面自然也就有耐心应对了。

勇敢面对，挫折能激发孩子的探索欲

挫折可以说是一把双刃剑，它可以对孩子产生负面作用，也可以产生正面作用，关键就在于父母如何引导孩子。当孩子能够正确看待挫折时，挫折就会成为激发孩子好奇心和探索欲的钥匙，在这种好奇心的驱使下，孩子便会越挫越勇，不断探索战胜挫折的方法。

晓晨是一名四年级的学生，她从小就比较独立，无论遇到什么困难，都喜欢自己去尝试解决。

在学习上，晓晨遇到生字时，特别喜欢查字

典，好奇这个字在字典里的拼音、笔顺、笔画以及释义。慢慢地，她认识的字越来越多，查字典的效率也提高了。在解数学题时，晓晨喜欢用自己的方法去解答，当然可能得到的答案和老师的不一致。不过，每当一致的时候，她都会被老师夸赞说很有想法、爱动脑子。

在日常生活中，晓晨也一样。玩具坏了，她就把玩具拆开，看看里面有哪些零件，尝试自己动手修理，虽然常常无能为力，但拆过很多玩具之后，她逐渐对玩具的构造有了一定的了解。除此之外，晓晨面对其他困难或是挫折的时候，总是以好奇的心态和探索的欲望去应对。

对事物充满好奇和探索的欲望，尤其是在面对挫折和困难时也能如此，这样的孩子恐怕是少之又少的。那么，是什么扼杀了孩子的好奇心和探索欲呢？主要原因就在于父母的教养观念。

在很多父母的眼里，除了学习之外，孩子所做的其他任何事都不能称之为正事。他们不允许孩子对学习之外的任何事物产生好奇心，不能花时间去探索新事物。在这种环境中成长的孩子，好奇心和探索欲会受到压制，面对挫折的勇气也会因为得不到父母的帮助而消减。

不可否认，学习是孩子极其重要的事。但孩子身心的健康同样不可忽视，比如好奇心和探索欲，其关乎孩子的智力能否得到发展和保障。注重孩子好奇心、探索欲的发展，孩子才会拥有求知的欲望和进取心，在面对挫折时才能保持良好的状态。

因此，父母要引导孩子在挫折中保持积极向上的好奇心和探索欲，这样才能战胜挫折，顺利实现自己的目标。具体可以从以下几点着手进行。

积极回应孩子的疑问，并引导孩子

孩子的生活阅历有限，他们对这个世界的看法还不全面和理智，面对挫折时通常会束手无策。这个时候，父母要及时引导孩子对眼前的困难产生积极向上、探索的欲望。

当孩子转变对挫折的看法，开始迎难而上的时候，难免会遇到各种各样的疑问。孩子在探索过程中遇到的这些疑问，同样是一种挫折，我们必须及时给予回应和帮助。要知道孩子的每一个疑问都是一道坎，疑问得不到解决，就难以走出挫折的泥潭。有了父母的帮助、指导，孩子便拥有了面对挫折的勇气。

培养孩子独立思考、自主探究的精神

面对挫折，孩子需要具备独立思考和自主探究的精神。一般来说，能够独立思考、自主探究的孩子不会轻易被挫折吓倒，他们能够沉着冷静地分析挫折，积极主动地探究挫折，非但不会因为挫折感到痛苦，反而会对挫折产生一定的好奇心和探索欲，进而敢于直面挫折，并在挫折中获得知识和成长。

好奇心和探索欲是孩子成长和学习中非常重要的品质，我们不仅要在挫折中激发孩子的这些品质，更要在日常生活中培养孩子对事物的爱好和探索精神。因为只有孩子对这个世界充满了新鲜感和探索的欲望，他们才能走得更远。

孩子经历的挫折越多，定力越强

如果一个人在挫折面前，不慌张、不害怕，继续坚定地朝着既定的目标前行，这样的人就可以被认为有很强的定力。然而，大多数孩子在遇到挫折的时候往往会退缩、逃避，只有那些经历过很多挫折的孩子才会具备一定的定力。从这个角度来说，孩子经历的挫折越多，定力就越强。

所谓的"定力"，就是控制自己的欲望和行为的能力。它是孩子的核心竞争力，能够体现孩子做事的自信、原则和态度。一般来说，定力越强的孩子，越能排除干扰，专注追逐目标，逐步落实计划并实现目标。这样的孩子，经得住诱惑，盯得住目标，不畏挫折，并且能够应对挫折、解决挫折，进而在挫折中变得更加强大。

米力是一个从小被娇生惯养的孩子，生活上的事情被父母安排得妥妥当当，无论她有什么需求都能够很快得到满足。比如，想要穿新衣服父母就立即给买，想要吃好吃的父母就立即给做。可以说，在这种优越的家庭条件下成长，米力几乎没有遭受过挫折。

然而，她在学习上就没这么顺利了。比如，写作业的时候，米力的注意力总会因为外界的噪声、客厅的电视节目、桌上的零食等而分散，这让她无法安心学习；在象棋比赛中，当对手在棋盘上稍微占有优势时，米力就慌了，脑子里瞬间一片空白，最后惨败……

后来，老师向米力的父母反映米力在学校的表现，他们才意识到自己的养育方式出了问题，太过溺爱的养育只会让孩子的抗挫力低下、定力不足，做任何事情都难以成功。

　　米力的抗挫力和定力不足导致她在学习上困难重重。通常抗挫力和定力不强的孩子经常会陷入被动的境地，他们的情绪、行为、语言等总是受到挫折的影响，经常会因为一点儿挫折就情绪失控，出现行为极端、语言不当的表现。

　　另外，定力不强的孩子，会因为短期内看不到成果而灰心丧气，从而不愿意继续坚持；或者为了快速实现目标而寻找捷径，到头来这些看似聪明的捷径只是流于表面，并没有让自己真正获得内在的能力，进而产生挫败感。

　　由此可见，定力对孩子是非常重要的。我们应该教会孩子好好利用挫折，并在挫折中训练定力。

帮助孩子消除害怕挫折的心理

很多时候，畏惧挫折要比挫折本身可怕得多，这就是大多数孩子现在的状况。当孩子害怕挫折时，他们只会选择逃避，即便是本来能够解决的挫折。这样一来，孩子的意志得不到锻炼，定力也无法获得提升，不仅当下的学习难以胜任，未来也难以融入社会。

父母是孩子最亲密、最信赖的人，也是孩子最坚强的后盾。我们要告诉孩子，挫折是最好的老师，挫折不可怕，害怕挫折的心理才是最致命的。父母最主要的任务就是帮助孩子消除害怕挫折的心理，让孩子明白只有敢于直面挫折，才能在挫折中学习、成长。

告诉孩子应对、解决挫折的方法

拥有不惧怕挫折的心理是第一步，此外孩子还应该具备应对挫折、解决挫折的能力，这样才能愈挫愈勇，在挫折中培养出强大的定力。比如，就拿上面米力的例子来说，当受到周围环境的影响而无法专心学习时，我们可以告诉孩子试着换一个环境，排除外界的诱惑，从而不断提升自己的定力。

当然，应对和解决挫折的方法很多，我们也不一定要一五一十地告诉孩子。有一句话叫作"授之以鱼，不如授之以渔"，对于很多孩子自己能够解决的挫折，应该让孩子自己去思考，父母则逐步引导孩子去分析和思考，激发孩子的想象力，让孩子充分利用有限的知识和技能来解决挫折，以培养孩子解决挫折的思维和能力。

所以，要想让孩子未来更有发展，能够坚定不移地朝着他们的目标前行，就必须让孩子具备直面挫折的勇气，并在挫折中锻炼强大的定力，这是孩子成功的重要素质之一。

挫折帮助孩子戒骄戒躁，变得更加理智

孩子的快乐很简单，一颗小小的糖果、一个心仪的玩具、一件漂亮的衣服等，当孩子需要这些时，父母只要立即满足他们，孩子就能立即高兴起来。然而，很多时候孩子的需求并不能立刻得到满足，这对孩子来说无疑是一个巨大的挫折。

为什么我们需要让孩子具备延迟满足的能力，为什么要给孩子这样的挫折呢？很简单，人生并不都是顺遂的，逆境、挫折也是常态。如果孩子总是处在顺遂的喜悦中，他们就容易变得骄傲、浮躁，而适时的逆境，却

能帮助孩子戒骄戒躁，变得更加沉着理智。

张小乐是一个"开心果"，平时总能给别人带去快乐。然而，最近他的烦心事越来越多：同学们都骑着漂亮的自行车上学，他也想要一辆，可是爸爸妈妈就是不给买，还说新的容易被偷；他想要周末出去旅行，可是爸爸妈妈说没时间，暑假再去；等等。

面对一连串的不顺心、一次次的挫折和无法满足的要求，张小乐变得越来越焦躁。他就像泄了气的皮球一样，整天无精打采的，做什么都不上心。

想要的东西父母不给买、想出去玩却不被允许等，这些是孩子在成长过程中遇到的一些比较常见的挫折。可是，这些小事经常会被父母忽视，或者根本就意识不到这对孩子来说是一次次不小的挫折。

在父母眼里，自己随意做的决定对孩子来说就是小事。其实，这些在大人眼里的小事，在孩子眼里就是巨大的挫折。或许很多父母会认为，孩子的饮食起居有人照顾、上学放学有人接送，每天应该是快乐的。但是，孩子也是一个有独立思想的人，也会为了一些芝麻大小的琐事而心烦意乱、躁动不安。

孩子是感性的，一个个小挫折接二连三地到来，会使他们情绪低落，不能理智应对。如果孩子总是焦躁，那说明他在挫折面前缺乏自信，倘若任其发展下去，孩子未来是很难有成就的。因此，当孩子遇到挫折时，我们要及时、科学地对其进行挫折教育，以帮助孩子戒焦戒躁，增强其抗挫抗压能力。

告诉孩子不骄不馁，树立长远观念

对于孩子来说，他们要什么就想立刻得到，很难做到为了获得更多、更好的需求而等待。所以孩子是没有太长远的意识的，他们会因为当下取得的好成绩而沾沾自喜、骄傲得意，也会因为眼前的小挫折而灰心丧气。总的来说，孩子的眼界是狭隘的，需求是急切的。

所以，作为父母，我们要充分利用自己的学识、阅历去拓展孩子的视野，帮助孩子树立长远的目标和意识，在面对胜利和挫折时不骄不馁，正确、理智地看待成功与挫折。

拥有自信，孩子才能无畏挫折

害怕、逃避挫折是一种不自信的表现。当孩子不自信的时候，在挫折面前就会自我怀疑、止步不前，陷入烦恼之中，甚至不敢接触新事物、新伙伴，害怕长大……挫折会"欺软怕硬"，你越不坚定、越没自信、越害怕长大，所面临的挫折就会越多。

如何提高孩子的自信呢？告诉孩子把每一个挫折当

作机会。我们要鼓励孩子直面挫折，遇到挫折不慌张，保持积极、正面的心态，引导孩子在挫折中不断突破自我，逐渐建立自信。

第 **5** 章

消除焦虑，孩子才能重新找回控制感

焦虑是孩子的常态，如果不能有效地克制焦虑，那么，自律就无从谈起，延迟满足就难以进行。我们知道，孩了本身就很容易焦虑，让孩子长时间地等待会造成更大的焦虑。所以，我们必须帮助孩子消除焦虑，他们才能找回自我控制感。

为什么孩子容易焦虑

在很多人看来，孩子是天真快乐的，他们的焦虑与大人比起来简直不值一提。其实，这是对儿童焦虑的不正确认识。相反，孩子年龄小，能力弱，他们在遇到事情时不知道怎么去解决，所以更加容易焦虑，也更容易崩溃。所以，父母必须重视和消除孩子的焦虑。

焦虑是一种十分普遍的心理状态，是指个体由于不能达到目标或不能克服障碍，致使自尊心和自信心受挫，使失败感和内疚感增加，形成一种紧张不安、恐惧的情绪状态。如果焦虑在孩子身上出现的频率过高，甚至超出孩子的控制范围，就会变成一种心理障碍。

　　每一位父母都担心自己的孩子焦虑，那么，是什么原因让孩子焦虑呢？总结来说，主要有以下几个方面。

源自父母焦虑的影响

　　家庭教育中往往高发焦虑，父母就是制造焦虑的罪魁祸首。自从有了孩子，父母就开始担心孩子的一切，洞悉孩子的一举一动成为父母必须执行的要求，一刻不掌控孩子，心里就焦虑不堪。所以，如果父母焦虑的话，孩子大概率也会变得焦虑。

　　比如，父母在辅导孩子做作业的时候大吼大叫、情绪激动，这种情绪很容易影响孩子，本来作业就困难重重，加上焦虑情绪的影响，孩子也会焦虑不安。有的孩子甚至还说："妈妈，在辅导作业之前，您要振作起来。"可见，孩子也不喜欢焦虑。因此，作为父母，我们也要管理好自己的压力和焦虑。

因为恐惧而感到焦虑

无论是大人还是孩子，恐惧都是日常生活中不可避免的，而恐惧很容易让人产生焦虑。比如，爸爸妈妈离开了孩子的视线，孩子在陌生的环境中就会感到恐惧、焦虑不安；孩子害怕考试考不好而恐惧，进而焦虑；孩子因为害怕获得的东西会失去或是等待的东西得不到而感到焦虑；等等。这些让孩子恐惧的事物都会导致焦虑的发生。

当然，恐惧并非毫无益处，孩子在成长的过程中会遇到各种各样的新事物，如果孩子不能对它们做出判断并对出现的危险进行规避，就很难生存下去。从这个角度来说，对未知事物的恐惧也是孩子的一种自我保护机制，当恐惧来临的时候，孩子会小心翼翼地应对。父母要做的就是在孩子产生焦虑的时候及时出现在身边，帮助孩子化解焦虑。

需求得不到满足

美国著名心理学家马斯洛的需求层次理论认为，人的需求分为五个层次，分别为生理需求、安全需求、归属和爱的需求、尊重的需求和自我实现的需求。孩子的这些需求得不到满足，他们就会产生焦虑。比如，孩子饿了会寻找食物，得不到食物就会焦虑、哭泣；当孩子一个人在陌生的环境中时，他会因为没有安全感而焦虑；等等。

孩子的需求长时间得不到满足时，焦虑就产生了。所以，延迟满足的训练过程，也是逐渐消除焦虑的过程。当孩子能够在等待中不焦虑，就意味着孩子的自控力、延迟满足能力增强了。

引发孩子焦虑的原因繁多而复杂，无论是内在的心理因素，还是外在的环境因素都有可能引起孩子的焦虑。了解孩子焦虑的原因，我们才能更好地帮助孩子摆脱焦虑。

父母不焦虑，孩子才能平静下来

在养育孩子的过程中，不仅孩子充满焦虑，有些父母的焦虑更加严重。父母一焦虑，孩子就遭殃，各种控制、命令纷纷压向孩子，让他们更加焦虑。比如，一次考试成绩不理想就火急火燎，对孩子大吼大叫；班级群里发了几个孩子的优秀绘画作品，就感叹自己的孩子为什么画得那么差，开始焦虑不安；别家的孩子报了几门兴趣班，就想自己的孩子也得跟上；等等。

这些焦虑真的有必要吗？一次考试代表不了最终的学习成绩，几幅优秀作品代表的是最高水平而非平均水平，兴趣班要真正符合孩子的爱好而不是盲目拼比。只要冷静下来思考，其实这些事情并不需要那么焦急，也根本没必要焦虑。

因此，父母了解自己焦虑的根源对孩子的养育很重要，总结来说，主要有以下三点。

对孩子未来的恐惧和不可掌控

随着父母文化素养的提高，很多父母会忍不住想象孩子的未来，有些父母甚至在孩子很小的时候就为他设计好了人生道路，孩子的每一步都要在计划之内，一旦孩子有所偏离或不达目标，父母就会产生恐惧感，进而焦虑不安。

其实，每个人的人生都充满了无限的可能，无论父母如何焦虑，都不可能完全决定或看到孩子的未来到底会怎样。孩子的未来并不是父母一厢情愿就能设计出来的，孩子的人生应该由他们自己去开拓。所以，父母的这种焦虑是完全没有必要的。

不能正确地认识自己和了解孩子

实际上，大多数父母并不是教育专家，很多时候不了解自己内心的真正需求，缺乏教育的直觉。对家庭教育也不甚了解，不知道什么才是最好的教育。

另外，因为与孩子有隔阂，对孩子缺乏深切的认识，无法参透孩子的内心，不知道他们成长最需要什么，不清楚孩子各个阶段的成长规律。

当这些问题接踵而至时，父母疑惑不解，焦虑就开始了。这些问题如果得不到解决，那对孩子的影响将是巨大的。

虚荣心带来的盲目攀比

对于很多父母来说，没有什么事情比孩子有出息更重要。一些父母舍得花钱和精力陪孩子上各种兴趣班，很大程度上是给自己的心理找点儿平衡，通过向旁人展示孩子的优秀来获得面子。他们的愿望就是让孩子不断变得优秀，这种虚荣的心理带来了各种焦虑。

其实，作为父母，尤其是拥有高学历的父母不应该把自己的学识用在如何攀比上，急功近利的养育只会消耗我们的力量，让我们焦虑不堪。正确的做法是应该用这些优势去理解和引导孩子，减少自己和孩子的焦虑。

了解了父母焦虑产生的根源，我们有没有能力去摆脱这些焦虑呢？答案是肯定的。事实上，已有一部分父母觉醒了，他们逐渐摆脱了焦虑，懂得了家庭教育的真谛。他们甩开大环境，尊重科学的教育理念，不再盲目地跟随别人，而是在自己的教育路上越走越从容。

例如，他们更加乐于学习和改变，通过学习和思考洞察社会运行的规律，消化别人的经验；开始观察和感受自己的孩子，能够正确认识孩子之间的"不一样"，尊重孩子个体发展的差异性，即个体在认识、情感、意志等心理活动过程中存在的差异；与孩子共情，给孩子足够的信任；不再抑制孩子的天性，能够耐心等待孩子的成长。

当父母做出这些改变后，心里的焦虑少了，对孩子的控制少了，孩子得到了解放，他们的心里逐渐平静下来。在这种状态下，孩子才能重新找回自我控制感，并在父母的指引下健康快乐地成长。

正视等待焦虑，并试着接受它

在养育孩子的过程中，处处可见等待中的焦虑：孩子饿了等着父母做饭，越等越焦虑；听写前背单词，越背越记不住，越记不住越焦虑，最后只写出了几个；上台演讲前状态不错，可是漫长的等待让孩子越来越焦虑，最后发挥失常；等等。孩子时刻被等待的焦虑困扰。

其实，孩子之所以会产生焦虑，是因为大脑发出了错误的指令，让孩子认为自己正处于危险之中，必须采取某些措施进行自保。这种焦虑性思维掌控着孩子，最终让孩子在焦虑的状态下不能正常发挥以致把事情搞得更糟糕。

> 　　小宁的第一次演讲经历很不成功，虽然他准备了很多天，但是由于太焦虑了，他还没将演讲的内容说完，台下就已经响起了阵阵嘘声，最后他只好草草地结束演讲。这让小宁备受打击。从那之后，他的内心深处便对演讲充满了恐惧。
>
> 　　原来，演讲当天，排在小宁前面的还有好几位同学，坐在台下的小宁看着台上同学精彩的演讲，心里总是觉得自己没准备好，越想越焦虑，等到自己上台的时候，原本熟练的稿子，因为心里焦虑，竟然忘词了，然后就越来越慌张，只好快速地结束了演讲。
>
> 　　后来，每当有人在他面前说起演讲的事情，他的脑海中便会浮现出那次糟糕的演讲，这时，他的焦虑就会发作，有时对人发脾气，有时迅速地

离开那个"是非之地"。他不愿回想起痛苦的经历，每次回忆起来，他都告诉自己："我以后不想站在台上演讲了，我可不想再出一次丑！"这样的想法不断地在他的头脑中出现，而且每次出现都会让他感觉焦躁不安。

其实，小宁的演讲本来可以很成功的，他只是没有克服等待中的焦虑，被其他同学扰乱了心神。如果他能按照自己设想的那样去完成演讲，即便不能拿第一，也能很顺利地完成。所以，当孩子面对等待焦虑时，我们要引导他们积极主动地应对焦虑，打破焦虑为头脑设定的条条框框，具体可以试着这样做。

学会直面焦虑

通常来说，孩子在面对焦虑时会本能地选择逃避，这可能是所有生物的本能反应。其实逃避是没有用的，在面对焦虑的时候往往是越逃避越感到恐惧。小宁的演讲就是因为心里焦虑，所以选择尽快结束，这种逃避的选择只会让结果更糟糕。

怎么办呢？被视作"现代焦虑症认知疗法先驱"的威克斯博士给出的答案就是面对。当焦虑来了，孩子能够直面它，它就会在孩子的不断适应下越来越淡，最后一点点消失。这个时候孩子不需要做任何附加的行为，只需要直面它，越不怕它，它就越没意思，就会离得越来越远。

试着接受焦虑

当孩子直面焦虑后，这些烦人的感受依然会继续存在。不过别担心，这都是暂时的，因为人的感受变化有它的规律：我们越与焦虑对抗，焦虑的感受越加强烈；相反，听其自然不予理睬，焦虑反而会逐渐消退。

因此，在焦虑来临的时候，除了直面焦虑，还要让孩子试着接受它，要顺其自然，认识情绪感受活动的规律，接受情绪感受，不去压抑和排斥它，让其自生自灭，把注意力放在如何解决问题上来。比如，小宁演讲前的焦虑是因为别人讲得太好了，他怕自己不如别人，越这样担心就越焦虑。与其如此，不如去欣赏别人的优点，为别人的精彩鼓掌，坦然接受这一切。

在等待中消失

接受了焦虑，就意味着不再对抗。如果小宁选择在等待的过程中去欣赏别人的优点，那么，他可能就不会担心自己讲不好，也不会焦虑不堪，甚至会在欣赏的过程中学到一些演讲的技巧或是发现一些不足的地方，等自己上台演讲时加以注意。所以，对于等待中的焦虑，只要引导孩子敢于直面并接受它，它就会在等待中慢慢消失。

与自己对话，让孩子不焦虑

孩子的需求得不到满足，焦虑就成了常态。比如，为了一盒饼干而焦虑，为了一个玩具而焦虑，为了一个好成绩而焦虑……当孩子遭受焦虑情绪侵袭的时候，他们会不知所措；父母则看在眼里，急在心里。如何才能引导孩子摆脱焦虑呢？父母可以让孩子试试与自己进行一场自我对话，这对消除焦虑是非常有帮助的。

在养育孩子的过程中，细心的父母可能会发现，有时候孩子会自言自语，这其实就是孩子在跟自己对话。比如，孩子一个人玩得开心的时候，没有人可以分享，他就自己跟自己分享了，所以会自言自语。当孩子焦虑的时候，同样可以通过自言自语来缓解。

在心理学上，尤其是认知取向的心理学流派通常认为，在受到焦虑情绪的侵扰时，应该多和自己谈一谈，而且最好是出声地进行交谈。这种做法可以让孩子直面自己的内心，更有利于找到焦虑的根源，并从根本上解决焦虑的问题。

对于孩子来说，焦虑是一个极大的、难以解决又难以摆脱的难题，很多时候，即便孩子知道自己已经陷入了焦虑的麻烦之中，但是他们不知道应该以何种手段和方式去摆脱焦虑，尤其是孩子需要独立面对时。这种情况下就可以引导孩子听一听自己的心声，和自己交谈一番，这样可以有效缓解他们的焦虑。

> 小华很喜欢自言自语，尤其是在她感到焦虑的时候，尽管这让她看起来有些怪异，可她并不在意别人的眼光，她知道这样做能缓解自己的焦虑。

最近，她就因为表演的事焦虑不安，于是她对自己进行了这样的对话：

"你好，小华。我知道你正在为即将到来的表演做准备，其实你已经练习了很多次，可以说是烂熟于心，可是你依然害怕搞砸。

"其实，真的没必要担心，你已经准备得很充分了。如果你实在放心不下，你可以试着请老师给你一些建议。如果他们的建议有用，你就多加练习一下，做到有备无患。

"当你已经竭尽全力为表演做好准备的时候，你就更没有必要担心了。因为你已经做了所能做的一切，剩下的就是放松自己，等待自己的表演。

"如果表演得很成功，应该感到高兴，因为你的努力得到了回报；如果表演得不是那么好，也没关系，每一次的经历都是经验的积累。

"能这么想，你还有什么可担心的呢？就把表演当作一次练习好了。更何况准备得这么充分，相信你一定能行！"

　　当小华不断地对自己进行这样的对话后，她心里的焦虑渐渐地减弱了。因为在这个过程中，她意识到了一次表演不能代表一切。然后她把这次表演当作一次普通的练习，最后上台的时候轻松上阵，表演果然很成功。

　　小华与自己进行的对话，使她的心态发生了改变，这种心态的改变能够消除焦虑，让她以更好的姿态去迎接表演。

　　可能很多父母会认为这样的自我对话没有意义，其实这种对话实际上就是积极的自我暗示，当孩子充满信心地大声说出自己的想法时，他们的内心会受到激发和鼓励，这会让他们变得更加坚定和沉稳，通常可以帮助他们更好地实现自己的目标。

　　当然，要引导孩子与自己对话并非易事，当孩子还小无法做到自我暗示的时候，作为父母，我们应该让他们清楚自己为什么焦虑，从而帮助孩子缓解焦虑，在这个过程中逐渐训练孩子与自己对话的能力，这样孩子今后才能正确应对焦虑，掌握自己的情绪。